フリーメイソンの歴史と思想

――「陰謀論」批判の本格的研究――

ヘルムート・ラインアルター 著

増谷 英樹　訳・解説
上村 敏郎

三和書籍

はじめに

　本書はHelmut Reinalter, Die Freimauer. München 2000. Verlag C. H. Beckの翻訳であり、その第6版（2010）を使用している。著者のH. ラインアルター教授は、インスブルック大学で近現代史、政治哲学の元教授であり、現在はインスブルックのドイツ語圏唯一のフリーメイソン研究所である「思想史研究所」の所長として、研究並びに講演によって積極的に活動している第一線の研究者である。

　本書の意味と意図は、著者にお願いして書いていただいた「日本の読者へ」という前書きによっても明らかなように、以下のようなものである。著者のラインアルター教授は、「フリーメイソン運動は現在も世界的な"反メイソン主義"や誹謗中傷、様々な馬鹿げた陰謀理論の攻撃の中心的標的となっている」と認識し、そうした攻撃に対して、フリーメイソン運動の真の目的、歴史を明らかにし、とくにフリーメイソンに加えられてきた陰謀論がどのように成立してきたかを詳細に分析している。つい最近の2015年11月にイギリス統合大ロッジに保管されている史料に基づいてフリーメイソンの会員名簿がイギリスの系図サイト「Ancestry」（http://search.ancestry.co.uk/search/group/freemason_registers）で公開されたとの報道があった。それはフリーメイソンの公開性を示すものであり、イギリスのフリーメイソンについてインターネット上で簡単に検索できるようになったことは、フリーメイソン研究者にとっても喜ばしいことである。しかし、イギリスの日刊紙デイリー・テレグラフ紙は早速この会員名簿を使ってタイタニック号沈没や切り裂きジャックをフリーメイソンに絡めて、陰謀論的な噂について肯定的なニュアンスで取り上げている。残念なことにラインアルター教授が危惧していることが生じている。こうした陰謀論に振り回されないためにも、正確なフリーメイソンに関する知識を知ることが重要である。著者の分析は、フリーメイソンの運動が始まったイギリスやフランスの歴史分析から出発しているが、その焦点はドイツ語地域のフリーメイソンの分析に当てられている。フリーメイソン攻撃の陰謀論はとくにドイツにおいて展開していったという歴史がある故に、ドイツ語圏の歴史は重要な意味を持っているからである。その分析は、自らフリーメイソンであったフリードリヒ2世（大王）からフランス革命を経て19世紀における陰謀論の成立についての分析、ナチ時代のフリーメイソンの弾圧にいたる。

　なお、読者の理解をたすけるために、「訳者解説」として「ドイツ語圏におけるフリーメイソンの歴史展開とその特徴」（増谷英樹）「啓蒙専制体制下のフリーメイソン」（上村敏郎）を付け加えた。

凡例

　ラインアルター教授の本論の翻訳と、我々の解説の中で使用する用語の簡単な解説および註について付言しておきたい。

　まず、ドイツ語ではFreimaurer（フリーメイソン会員）とFreimaurerei（フリーメイソンの運動ないし組織）の二様の言葉があるが、多くの場合区別なく「フリーメイソン」と訳したので、そのどちらかに読み分けていただきたい。その組織体の最小単位ロッジ（英語Lodge）はドイツ語では「ロジェ（Loge）」であるが、「ロッジ」とした。ロッジをまとめた地方組織Großlogeはないし Mutterrogeは「大ロッジ」ないし「母ロッジ」、下部のロッジは単に「ロッジ」もしくは「娘ロッジ」とした。ロッジの成員は、「兄弟」と呼ばれるが、単に「フリーメイソン」とも訳した。ロッジ内の位階は徒弟、職人、親方の三位階を基本とするが、親方の上にさらに位階を付け加える規律も存在し、親方を超えて形成された位階は様々な名前を持つが、本書では詳しくは触れられない。大ロッジを差配する指導者（Großmeister）はそのまま「大親方」とした。さらに場合によって形成ないし組織される国家ないし国家を超えたレベルの組織や指導ロッジは、たとえば1871年のドイツ帝国成立期のGroßlogebund（「大ロッジ連合」、ナチはそれを「国民ロッジ」と呼んだ。）形成はあるが、そうした「国民ロッジ」は基本的には第二次世界大戦後まで存在しない。ようやく1958年に「ドイツ統一大ロッジ」（Vereinigten Großlogen von Deutschland）が成立し、その後重要な機能を果たす。なお、フリーメイソンの世界的組織は存在しない。

　また、注釈は読者の理解のために訳者が付け加えた。著者自身の注釈は基本的には引用出典が本文内の（　）内に示されているので、それはそのままで残し、日本語訳を付記した。原書に付記されている参考文献、人名索引は省略した。図版は訳者の責任で付け加え、キャプションを付記したが、図版の引用文献は以下の通りである。

図版引用文献

1) Marco Carini, Freimauer, die Geheime Gesellschaft, Parragon Books o.D.［発行年なし］.
2) Das Märchen von der Weltherrschaft. Österreichisches Freimaurer Museum Schloss Rosenau, Metroverlag 2013.
3) Österreichisches Freimaurer-Museum. Schloss Rosenau bei Zwettl, Wien 1994.
4) Österreichisches Freimaurer-Museum. Schloss Rosenau bei Zwettl, Wien 2005.
5) Fragen an die deutsche Geschichte. Ideen, Krafte, Entscheidungen von 1800 bis zur Gegenwart; Die historische Ausstellung im Reichstagsgebäude in Berlin [Katalog], Bonn 1990.
6) Küess/Scheichlbauer, 200Jahre Freimaurerei in Österreich, Wien 1959/1976.
7) Fragen an die deutsche Geschichte. Ideen, Kräfte, Entscheidungen von 1800 bis zur Gegenwarat. Sonderausgabe der Historischen Ausstellung im Reichstagsgebäude in Berlin, Katalog 16. Auflage, Bonn 1990.
8) 片桐三郎『入門　フリーメイスン全史―偏見と真実』アムアソシエイツ、2006年

日本の読者の皆様へ

ヘルムート・ラインアルター

　ドイツ語で書かれ、広く読まれているこの本は、現在でも広く議論されている難問を扱っている。著者は、永年に渡りこのフリーメイソン研究に従事してきている。このフリーメイソン運動は現在も世界的な「反メイソン主義」や誹謗中傷、様々な馬鹿げた陰謀理論の攻撃の中心的標的となっている。そうした攻撃は、今日においてもなおその攻撃性と論戦を収束させていない。陰謀理論の理論家たちの目的・思考・煽動などに関する学問的研究や啓蒙の試みにもかかわらず、陰謀理論は将来においてもなお存在し続けるであろう。

　本書が日本語に翻訳され、日本の読者にフリーメイソンの本当の目的を明らかにすることは、それだけ重要なことである。フリーメイソンに関する導入書である本書は4つの章に分けられている。最初の章はフリーメイソンの成立と歴史を扱い、第二の章はその目的と内的活動を紹介し、第三章はその構造や組織形態、世界的結びつきの中での様々な方向性について紹介し、最後の章では、政治や教会あるいは反メイソンに対するフリーメイソン自身の諸関係を扱う。そして終章においては、この国際的に広がっている人道的組織と看做されているこの同盟の活動の歴史の具体例が述べられる。それは人間の尊厳を重視し、寛容と個人の自由な発展、啓蒙、倫理的価値、兄弟愛、一般的人間愛を擁護するものである。

　フリーメイソン運動の重要性は、その自己教育プログラム並びにそれぞれの時代の重要な思考的流れとの精神的対話を重視することにこそある。歴史的にみれば、フリーメイソンは初期近代のドグマ的発想の打破、啓蒙と世俗化、ならびに市民革命および人権思想の拡大などにおいて重要な役割を果して来た。その役割は決して中心的なものではなかったが、フリーメイソンの人道主義や寛容といった理念は、思想史や政治的発展の中で、重要な役割を果たした。フリーメイソンは社会変革の具体的推進者や先導者としての役割を果たした訳ではではなかったが、少なくともその奨励者であり補助者であった。そうした役割は歴史的に重要な局面、たとえば啓蒙主義、西欧的民主主義、近代議会制、社会国家といった局面のそれぞれにおいて確認できる。

　今日、フリーメイソン運動は、人道主義、啓蒙、寛容といった彼らの中心理念の発展と深化に取り組んでいる。合理化過程とその対抗運動の思想的モデル（の形成は）今日のフリーメイソンの精神作業にとって重要な成果をもたらした。というのは、フリーメイソンは、そこには対立が存在するのではなく、近代における様々な価値領域の対応関係が中心に押し出されていることを明らかにしたからである。その際この関係において「再帰的啓蒙」（ヘルムート・ラインアルター　本文参照）という概念がフリーメイソン的思考モデルとして特に重要となる。その思考モデルの中心には理性の自己批判（カント）がおかれる。それは、フリーメイソンに関する理性的かつ情動的な研究の指導的用語となるであろう。

インスブルック　2015年　春

目 次

はじめに iii
日本の読者の皆様へ v

序 文　フリーメイソンとは何か？ 1

第1章　成立と歴史的発展

　1. 起源：神話、伝説と現実の間 4
　2. 創設と拡大 7
　3. 18世紀の最盛期 9
　4. 19世紀 12
　5. 20世紀 18
　［訳者註解］ 21

第2章　目的と内部活動、理論と実践

　1. 象徴と儀礼 26
　2. 宇宙の「偉大なる建築師」 31
　3. フリーメイソンの人類学 32
　4. フリーメイソンの人間中心主義 33
　5. フリーメイソンの倫理 35
　6. 寛容思想 36
　7. フリーメイソン、錬金術、秘教 37
　8. フリーメイソンと啓蒙 39
　［訳者註解］ 42

第3章　憲章、組織構造、方針

1. 旧き義務 44
2. 義務概念の変化 45
3. 正規性と非正規性 48
4. 組織構造 52
5. フリーメイソンと秘密結社 54
　　薔薇十字の兄弟団 54
　　黄金・薔薇十字団 58
　　秘密結社イルミナーテン 60
　　ドイツ・ユニオン 63
　　カルボナリ 65
［訳者註解］ 68

第4章　フリーメイソン、政治、教会、反メイソン主義

1. フリーメイソン、国家、政治 74
2. フリーメイソンと文化 77
3. フリーメイソンと教会 80
4. 反メイソン主義と陰謀論 86
　　反フリーメイソン的陰謀論 87
　　陰謀論におけるユダヤの役割 91
　　陰謀神話 94
［訳者註解］ 95

終章　フリーメイソンの影響史について 99

訳者解説..103

[解説1]ドイツ語圏におけるフリーメイソンの歴史展開とその特徴
  ── フリードリヒ大王からナチの迫害まで ──（増谷 英樹）..........................103
[解説2]啓蒙専制体制下のフリーメイソン（上村 敏郎）......................................112
「解説1、2」および「訳者註解」参考文献..120
文献案内..121

訳者あとがき..127

人名索引..129

序文：フリーメイソンとは何か？

　フリーメイソン結社は、人間の尊厳を重視し、寛容と個人の自由な発展、友愛と人間愛全般を擁護する国際的に広がった結合体（協会）である。それは人間の争いは破壊的結果を伴うことなく調停できるという信念から出発している。そのための前提は、様々な考えを持った人間間に信頼関係を創り出すことである。フリーメイソン結社は個々の人間に強く働きかけ、彼らを道徳的に完成させるよう努力する。しかしそれは、倫理的命題を打ち立てはしなかった。というのはその見解によれば道義的規範は常に変化していくものであるからである。儀式的行動の中にはフリーメイソン結社の精神基盤が反映されているだけではなく、その精神は図版やシンボルによっても知覚される。儀式は宇宙的現象のダイナミックなシンボルであり、その際、参加する兄弟たちは意識して宇宙の法則性の中に自らを位置づけているのである。儀式的行動は3つの位階で行われる。すなわち徒弟位階、職人位階、親方位階である。その際フリーメイソンは特別なシンボルを使用し、その行動の際に、印、前掛け、白手袋を着用する。そのシンボルは兄弟たちをお互いに結びつける紐帯であり、その中心的表現は図版や象徴的な行動の中で表現される。

　ロッジ（各支部）は帳簿に協会として登録され、全世界を覆う共通の組織は存在しない。フリーメイソン結社は秘密の上部結社を持たないし、秘密の知識もない。守秘（黙っていること）が兄弟たち相互の信頼の前提をなしている。フリーメイソンの全体的教えは、「三つのヨハネの位階」[1]の中に含まれる。その深化や進化は様々なシステムに組織されている上級典礼（例えばスコットランド典礼、ロイヤル・アーチ、ヨーク典礼など）が努める。さらには「研究ロッジ」[2]があり、それはフリーメイソン結社の学問的研究をおこなっている。ある国家内の普通のロッジは大ロッジないし複数の結社に結束している。1つのロッジの議長はその成員の自由選挙によって選ばれる。ロッジ・マスター（親方）たちはロッジ大会において大役員会議を選出する。

　今日、アメリカには恐らく400万人以上のフリーメイソンがいて、大英帝国には約60万人、スウェーデンには25000人、ノルウェーに15500人、デンマークに10500人、オランダに約7500人である。今日世界中では、約45000のロッジに、600万人のフリーメイソンがいる。全体主義的組織の中では、フリーメイソンはその「秘密を守る兄弟団」としての性格、その自由思想そして実践的寛容ゆえに禁止されている。

　「フリーメイソン」の概念は、1376年にロンドンの古文書のなかで初めて現れる。「フリーメイソン」という呼び名は、自然の原石を芸術的に加工できる訓練された熟練の石工たちを意味していた。ロッ

ジという言葉は、史料的には1278年に初めて登場し、最初は建設職人の作業所兼宿泊所のための木造の小屋を指していた。後にはその言葉は、大建設場において共同で働く石工のグループに対しても使われた。16・7世紀の転換頃に、最初はスコットランドでそしてまたイングランドにおいても、石工ロッジの発展に根本的変化が現れた。その時期には、今や建設手工業者に属さない者も、しばしば成員として受け入れられたのである。そうしたロッジはスコットランドでは「ジェントルマンロッジ」、イングランドでは「受け入れ石工」と呼ばれた。

フリーメイソンのシンボル的秘伝的習慣の成立には、2つの道筋がある。イングランドのフリーメイソンの古い規約書とスコットランドのフリーメイソンの「石工言葉」である。それはその後、おそらくは17世紀ないし18世紀初めの「受け入れ石工」のロッジによって組み替えられ、18世紀の30年代に今日の形態になったと思われる。古いイングランドの規約書の一般的および特別な義務規定から、1723年にジェイムズ・アンダーソン（1739年没）[3]の『旧き義務』が成立した。それは今日のフリーメイソンにとっても義務的なものとなっている。

本書は個々の章において、ヨーロッパのフリーメイソンの原初、始まり、発展、その目的、内部の活動、そのシンボル儀式、組織構造、方向、国家や政治、教会および文化との関係、また反フリーメイソン結社、陰謀理論、秘密結社との関係などを叙述する。そうした入門的叙述は完全性を期せないので、大量の史料や文献の中から代表的な基本文献を選択している。方法的にいえば本書ではフリーメイソンの思想史と社会史が中心となり、難しい問題であるその社会的役割と影響にも触れていく。

訳者註解

1) **「ヨハネの位階」**；「洗礼者ヨハネ」ないし「説教師ヨハネ」は古くから特にイングランドの石工ギルドの守護聖人であり、すでに1136年にモンローゼアプタイ産の石に記されている。ロンドンでは、1717年の大ロジェの設立はヨハネの日におこなわれ、そのときに定められた原初的な位階徒弟、職人、親方の3つの位階が、「ヨハネの位階」と呼ばれる。ドイツでも、石工の証明書はヨハネの日の6月24日に授与されたりした（第3章2を参照）。

2) **研究ロッジ**；「研究ロッジ」は最初イングランドの連合大ロッジに併設された（「戴冠四聖人のロッジ」）。現在ドイツのそれは1951年にバイロイトで設立され、ドイツの「統一大ロッジ」に属する。

3) **ジェイムズ・アンダーソン** James Anderson（1679〜1739）；イギリスのフリーメイソンの成立に指導的役割を果たした人物とされる。スコットランド生まれ、1710年ロンドンのカルヴァン派教会の牧師となり、フリーメイソンとして、その共同体の規則、歴史などをまとめることを依頼され、1723年にそれを完成させた。その『フリーメイソンの憲法』（「アンダーソン憲章」と呼ばれる）はイギリスのフリーメイソンの基準となり、ドイツ語にも訳され、ドイツやアメリカでも1つの基本的基準として広まった。同書には著者としてのアンダーソンの名はないが、付録に記載されていて、彼の著作であることは確かである（第3章2を参照）。

第1章
成立と歴史的発展

1. 起源：神話、伝説と現実の間

　フリーメイソンの成立に関しては、時代の流れのなかで様々な理論や神話、伝説が生じてきている。それらは西ヨーロッパのギルドや石工ツンフト、大聖堂建設工、移動職人、テンプル騎士団[1]、ヨハネ騎士団など[2]、初期のアカデミー運動[3]や啓蒙主義結社などにまで及ぶ。比較的古いフリーメイソンの歴史書は、今日のフリーメイソン（ロッジ）と古代の神秘的集団およびその後の騎士修道会の直接的繋がりを証明しようと試み、それによりフリーメイソンの秘教的で閉鎖的な根源を説明しようとしていた。

この関係では、特にブラフマナ・セクト、エルエスコリアル儀式、ピタゴラス派同盟、エッセネ派神秘派集団、ミストラ、カバラグノーシス、ドルイド、バルデンなど[4]が挙げられている。フリーメイソンが新プラトン主義[5]のヨーロッパ的形態の神秘主義にどの程度規定されているかははっきりしない。しかし、少なくともその個々の要素がフリーメイソンに、特にその上層部に流れ込んでいることはあり得よう。認識を自己の中での理性の現われとし、最高位の認識を「最高者の理性の現われ」と考える考えは、少

十字軍騎士団；十字軍の時代にいくつもつくられた「騎士団」も、フリーメイソンの起源伝説のひとつである。その印は白い上着に赤の先広十字であった。（第1章註[1][2]参照）

第1章　成立と歴史的発展

ピタゴラス；フリーメイソンの起源に関する言い伝えの中には、紀元前6世紀に成立したとされる「ピタゴラス派同盟」にその起源を求めるものもある。世界の基本原則を数にあるとみなすピタゴラスの理論は、教会建設を生業とする石工組合にとってはその計算の重要なよりどころであったし、その思想はその後のフリーメイソン組織にも受け継がれてフリーメイソンの元祖と位置づけられた。（第1章註[4]参照）

なくともフリーメイソンの位階システムに反映されている。経験と人間の力の強力な源泉としての神秘主義もフリーメイソンの結びつきを示唆する。さらに手工業者の職業的結社と騎士団が加わる。ここに述べたいくつもの神秘的諸結社は大きな留保を付けてであるが、フリーメイソンの神秘主義的根源であるとみなしうるかもしれない。しかし、そうしたものからの発展を学問的に確定することは極めて難しい。いくつかの研究の中では、現代のフリーメイソンの本質的具体的な前段階を、しばしば手工業の職業的結社および騎士団、マルタ騎士団やテンプル騎士団の中に見いだしている。その歴史をテンプル騎士団に見いだす論理は、騎士団参加者の建築技術者としての高い評価に基づくものであり、騎士団は排斥や迫害に抗して、その発展を保障しようとしたという仮定によるものである。すなわち、二人の指導者と5人の騎士たちと共に、スコットランドに逃亡したその大親方ピエール・ドーモンが、スコットランドの国王ロバート1世ブルースに温かく迎えられ、騎士団員を結集することができたというのである。このグループは組織構成としてロッジを利用したといわれる。旧「薔薇十字兄弟団」[6]をフリーメイソンの起源とするテーゼもある。

しかしながら今日のフリーメイソン研究においては、フリーメイソンの本来の先駆者は手工業の友愛会であるとしている。そしてそのしきたりは非常に多く石工的思想にその起源を持っている可能性があるし、その作業小屋（ロッジ）は大聖堂が建設されたところでは何処にでも成立していたとしている。その友愛会は石工身分（親方）の成員により結成され、石工（職人）や屋根葺きも受け入れられた。宗教改革の時代には、ロッジは秘密の会合を持ち、国家や教会の法に抵触していると非難された。その結果友愛会は——百年戦争の影響を受けた経済的不況の結果により——次第にその意味を失い、最終的には17世紀を通じて大部分が解散された。フラ

大聖堂建設の石工；1000年頃から、ヨーロッパ各地で大聖堂の建設が盛んになったが、その建設には大量の石工が集まり、それぞれ仮小屋としてのロッジを建て、石工手工業者の技を競い、それぞれが秘密の技術をもった集団を組織した。彼らは親方、職人、徒弟といった組織構造を持って、その仕事を遂行し、やがて石工だけではない職人や自然科学者や理論家を組織する「思弁的フリーメイソン」組織に発展していったとされる。

ンスの同業組合は歴史的には中世まで溯るが、16世紀になってようやく歴史的に顕在化された。そこには職人も包摂、組織されていた。

　フリーメイソンのさらなる発展にとっては、その後イギリスで石工のギルドが非石工職人をもその成員に受け入れたという状況が重要となる。イギリスでの解釈によれば、そうした「思弁的フリーメイソン」は元々の手工業石工と異なって、「寓意的な服装をし、シンボルによって表現された1つの寓意的システム」（Die Entwicklung der Freimauerei『フリーメイソンの発展』28ページ）となった。研究によれば、1670年頃すでに、いくつかのロッジでは非手工業者フリーメイソンが優勢であったので、石工の内部ギルドの周りに、施工主や石工の息子たち、土地の聖職者、建築業に関係する手工業職人つまり大工、ブリキ職人、ステンドグラス絵師などから結成された1つの外部連合体が形成され、それは後に内部組織に統合され、その後1717年にロンドンで新たに組織されたと考えられている。1717年6月24日、ロンドンの5つのロッジから1つの大ロッジが創設され、その最初の大組合長はアンソニー・セイヤー[7]であった。近代的な意味における最初の大ロッジの形成という行為と主張は、一種の歴史的論理であり、史料に基づいてはっきりと証明できるものではない。つまり創設の議事録は伝えられていないのである。

大聖堂建設石工の棟梁アントン・ピルグラム；コンパスと差し金をもったウィーンのシュテファン大聖堂の建設石工の棟梁アントン・ピルグラム。自ら創った像（複製1513年）。

2. 創設と拡大

　フリーメイソンの組織は、最初ブリテン島の帝国に広まり、その後大陸のフランス、オランダ、ドイツ、オーストリアに基盤を持った。それはいくつかの段階を経てウィーンに達した。1737年に「ロッジ・ハンブルク」[8]が設立され、1738年にプロイセン国王のフリードリヒ2世がハンブルクからの派遣代表団によりフリーメイソン同盟に受け入れられた。1741年に誕生したベルリンのロッジ「三つの地球」[9]、後のドイツ語圏の大ロッジ「三つの地球」はフリードリヒ2世の保護の下にあった。ベルリンではまた1741年5月18日にロッジ「三つの骸骨」が創設され、それはブレスラウの領主司教フィリップ・ゴットハルト・シャフゴッチュ伯の指導のもとに活動していた。このロッジの成員の一人であった帝国伯アルブレヒト・ヨーゼフ・フォン・ホディッツはその後ウィーンでロッジ「三つの規範」[9]の設立を試みた。その最初のロッジ成員は、大部分がすでに前からオーストリアの外でフリーメイソンに受け入れられていた。

　ハプスブルク帝国においては、プラハが特別な地位を持っていた。最近の研究は、そこでは早くも1735年に1つのロッジが成立した可能性があると強調している。他方、帝国伯フランツ・アントン・シュポルクの努力ですでに1726年に1つのロッジが成立していたという古い見解は間違いであることが証明された。1731年に大陸に派遣されたイギリスの大ロッジによりハーグでフリーメイソン結社に受け入れられたロートリンゲン公フランツ・シュテファンは、後にロンドンで親方の地位を獲得した。彼の参画により以下のような状況が生じたことは否定できない。すなわち、1738年の教皇クレメンス12世によるフリーメイソンに対する破門勅書[10]がハプスブルク帝国では実現されず、1751年の教皇ベネディクト14世の二番目の勅書[10]もオーストリアでは認められなかったという事実である。

　ウィーンの最初のロッジは短い期間しか存在しなかった。すなわち、1742年9月17日から1743年3月7日まで、49人が受け入れられ、数多くの職

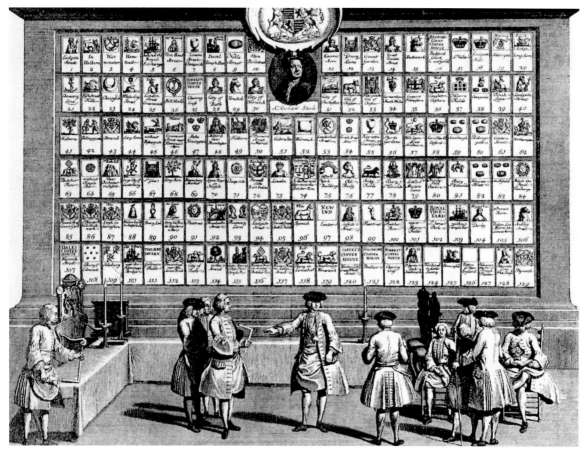

ロンドンの大ロッジの配下ロッジの記録；ロンドンに最初に成立した「大ロッジ」は、その後のヨーロッパ各地のロッジの成立を承認する権限を持ち、成立したロッジを登録していた。ハンブルクのロッジは、124番目に登録されていた。

人や親方への昇格がおこなわれた。しかし1743年に警察権力によりロッジの解散がおこなわれたのである。

イギリスのフリーメイソンでは、大親方のジョン・シオフィラス・デザギュリエ[11]によって1719年に重要な変革が行われた。それは今や多くの重要で影響力のある人々がロッジに参加してきて、同時に論争が始まったからである。それはその後1723年の憲章の成立につながった。それに伴いフリーメイソンの急激な社会上昇が起こり、大ロッジは急速に拡大していった。またデザギュリエの社会的活動も功を奏した。1737年にプリンス・オブ・ウェールズが参加し、それによりイギリスのフリーメイソンは名声を高めた。プロテスタントの牧師としてデザグリュリエは自然科学に熱心に取り組み、ニュートンと親交を得て、ロンドンの王立協会の会員になり、王立協会は「薔薇十字」と初期フリーメイソンの中心となった。

スコットランドのカトリックの貴族シュヴァリエ・ドゥ・ラムジー[12]は、フランスのフリーメイソンの重要な推進者となった。フランスのロッジの成員には貴族の成員がイギリスよりも少なく、むしろ知識人

の成員が多かった。彼らは声望がありフランスの文化・精神分野に長く影響を与えていた。シュヴァリエは追放された国王ジェイムズ（2世）の息子の教育係であったが、1728年にはイギリスの大ロッジは彼を兄弟として引き受けることを拒否した。その理由は、彼がフリーメイソンの根本的変革を主張していたからであった。1736年彼はフランスに帰国し、やがてフランスのフリーメイソン組織において重要な役割を果たした。

3. 18世紀の最盛期

　啓蒙主義社会の発展にとっては、国家の規則は、その基礎条件として重要であった。発展の広がりは、実際に国家の影響力の規模に大きく影響された。さまざまな社団の成立の動機は、一般的には次のようにいえる。すなわち、自由意志によるこの局部的な社団化が最も強力に形成されたのは次のような場においてであった。すなわち、一方で身分制的に結びついた生活環境が影響力を失い消滅し、他方では、市民身分の中からこれまでの狭い職業領域や身分的生活の範囲を超えた新たな要請や関心が生まれてきたところにおいてである。そうしてできた新たな社団の成員は、自由な結社を結成し、友愛と人間的結びつきを求め、その成員は同時に相互に学びあい、自己教育を行い、理性と啓蒙を身につける努力を研いたのである。彼らは、18世紀に「至福」と呼ばれた存在に到達しようと試み、その社団は、共同の幸福や社会的状況の改善といった公益的目的を設定した。啓蒙への信仰は全ての社団に共通であった。

　そうした社団の基盤は、次第に形成されていった近代国家であり、それは官僚制度を持ち、行政や学問、経済に市民層を解放しつつあった。市民的解放の過程のなかでは、封建的地域社団から市民的社団への展開は重要な段階をなした。それらは市民的公共圏の成立も重要な役割を果たしたが、まだそのメディアとなったとはいえない。それらは社会の根本的な変革過程の1つの現象形態であった。

啓蒙的社会においてはじめて、宗教的な教会や国家利害や身分権益を超えて社会全体に関わる問題を主張することができたからである。そうした社団の数や重要性は18世紀中葉以降格段に高まり、やがてそこに市民層の大部分が組織されるようになった。

　そうした社団の中では、「読書協会」が最も広く広まった。それらは、文学や学問に関心を持った市民層から成立し、およそ1770～75年頃には独自の部屋あるいは建物を持ち、蔵書や机、談話室などを備えた図書室に発展していった。その成員は、上層市民や文学や哲学に関心を持った知識人層が加わったが、下層社会層はほとんど排除されていた。協会の目的は、「学問の促進」と「洗練された礼儀作法」であった。それらはほとんど啓蒙の観念と一致し、こうした運動の解釈における考え方の相違にもかかわらず、啓蒙主義者の自己理解が相互に一致していたことを示唆するものである。読書協会の重要性は読書の提供にあった。というのはそれを通じて、情報要求が満たされたからである。読書協会は知の拡大を共有する成員相互の新たな社会的交流を形づくった。その際重要であったのは、時代の出来事に対する正確な情報と共同の討議であった。

　愛国的心情を持ち、公益性に富んだ社団は強く外部に働きかけ、積極的に社会に働きかけた。その目的のために彼らは技術的・経済的な革新の試

みと社会的活動を試みた。そうした社団としては多くの分野でいくつもの団体があった。経済団体や農業団体のいくつかは、王国の中央権力の政治的および経済的動員機構として重要な働きを示した。たとえば、重農主義の理論の急速な広まりは、確実に農業の改革努力に影響を与えた。経済的組合は特にオーストリアで上からの奨励で成立していった。政府は地域的な農業社団の設立によって、農業生産の持続的改良を期待していた。

啓蒙主義の発展のプロセスの中で重要な役割を果たしたのは、ここに言及した社団の他に、フリーメイソンとその他の秘密組織が挙げられる。自らを世界市民と理解している仲間たちが自ら創り出した秩序を持ったロッジの中心には儀式化された友愛が置かれ、それは外界から切り離されて、身分制により組み立てられた社会の向こう側、宗派や国家の向こう側で体験されたのである。しかし、経済的に力を持った独立した市民層がいなかったことにより、そして後期絶対主義の構造的危機によって、フリーメイソンは啓蒙主義運動の仲間として急速に遅れをとってしまった。その後退は最終的にはさまざまなイデオロギー的政治的方向への分裂と相互に対立する秘密組織、「薔薇十字」や「アジアの友」「イルミナーテン（光明会）」[13]などの設立につながった。

1782年の7月から9月にかけて、ハーナウ近くのヴィルヘルムスバードでフリーメイソンの国際会議が開かれたが、それはスコットランド位階の通常の高位フリーメイソンがヨーロッパ中に溢れ、いかがわしい競争が生じ、組織や儀式の中に誤った展開が生じ、分派行為や正統性の問題が起こったためであった。そうした行為が増加したために、フリーメイソンの組織内に、以前から必要とみられていた新たな秩序を望む声が広まったのである。フリーメイソンにとってこうした厳しい時代に上記の集会が開かれたのであるが、そこでは極めて様々な秘教的なイデオロギーの流れが現れた。主要な3つのグループを挙げると、様々な密教的錬金術の伝統の支持者、フランス人の神秘的な心霊術的聖マルティネス的リヨンシステム[14]の代表者たち、そして合理主義者と啓蒙主義者である。この集会の後にフランクフルトには「折衷派同盟」が成立し、それは徒弟、職人、親方といった三段階の「ヨハネの位階」を将来は拘束力を持つものと認めることを考えていた。

さらに、18世紀には「黄金・薔薇十字」の兄弟団[15]も成立した。それらは1764年のプラハのサークルの解散によって明らかになった。このクラブの中では、フリーメイソンと薔薇十字団の間の緊密な結びつきが存在していた。薔薇十字団員のロッジへの参入は特にその高位位階を通じて促進された。薔薇十字団員は、これらの組織の内部でフリーメイソンの最高位の役割を果たしていた。その組織の支配システムは知のヒエラルキーを通じて段階づけられた。兄弟団の関心事は宗教的な性格のものであったが、1767年以降急速に広まり、次第に政治的影響を持ち始めた。

「薔薇十字」兄弟団と対立していた「イルミナーテン」[16]の秘密組織は、1776年にインゴルシュタットで設立された。その契機はアダム・ヴァイスハウプトが、啓蒙主義に反対する元イエズス会員と薔薇十字騎士団による陰謀を推察したことにあり、イデオロギー的にはフランスの唯物論的な急進啓蒙主義哲学に依拠していた。そのことによりその組織は実質的にフリーメイソンの枠を超えていた。

フリーメイソンと秘密結社は社会的組織としては啓蒙主義と結びついて形成された。それらの組織内においては、すでにフランス革命以前に、意思形成の民主的な形態を部分的には先取りしていた。つまり会員の全体が最終的な決定権を享受していた。社団の役職、その委員、委員会、大会、立法などは、共和制の行政システムの先取りとしての多数決

アメリカ独立革命とフリーメイソンとしてのワシントン（右）、1ドル紙幣のフリーメイソンの象徴（上）；アメリカにおけるイギリスからの植民者たちの間では早くからフリーメイソンの組織が存在していたことはよく知られている。最も早いものは1730年のペンシルヴァニアの「聖ヨハネロッジ」であったが、18世紀中頃には、その数は100を超え、600人の成員を数える程であった。1773年のボストン茶会事件を引き起こしたのは、富裕な商人のフリーメイソンたちであったといわれる。平等と友愛、人権と身分制のない民主主義は彼らの思想の基盤となり、独立運動のなかで重要な役割を果たしていった。1776年にトマス・ジェファーソンにより起草された「独立宣言」の署名者の多くがフリーメイソンであったことは確かであるが、ジェファーソンは理神論者ではあったがフリーメイソンではなかった。しかし、独立戦争を指導したジョージ・ワシントンはフリーメイソンとして、いわゆる「戦場ロッジ」により、多くのフリーメイソンを集め、軍を指揮した。フリーメイソンであったフランスの侯爵ラ・ファイエットが、自費でアメリカに渡り、アメリカ軍を指揮し、後には国王に援軍を派遣させたことは、重要な意味を持った。1787年の合衆国憲法にも、「神」や「キリスト」への依拠はないが、フリーメイソン的意識もない。フリーメイソン的陰影を残しているのは、ワシントンの議事堂脇のオベリスク、ワシントン記念塔であるという。それは、ワシントンの肖像とともに1ドル紙幣に印刷されていて、アメリカ独立とフリーメイソンとの関係を極端に協調する、それはフリーメイソン的強調ないし反フリーメイソン的攻撃のどちらにも利用されている。図版はワシントンの国会議事堂建設の際の礎石を据えるワシントンであるが、フリーメイソン的強調ないしフリーメイソンの衣装を整えて、礎石を据えている。

の原則によりすべての会員の共同決定によって定めていた。地域的、宗派的、社会的制約の克服が、この時代のフリーメイソンの博愛主義的、社会的理解の重要な要素をなしていた。

　こうした関係において重要なのは、革命に対するフリーメイソンの複雑な関係である。フリーメイソンはその成員の文化的人道主義的社会参加を通して、革命の精神的準備に直接間接に関与していた。すなわち、アンシャンレジームの社会的政治的諸関係と啓蒙絶対主義はさまざまな改革にもかかわらずなお、フリーメイソンの人道倫理主義の考え方とは対立していた。組織としてのフリーメイソンは、原則論として革命的暴力的変革は拒否していた。彼らは国家秩序に対する忠誠を宣言していたからで

ある。しかしフリーメイソンは、他方で反逆や革命に参加した兄弟を排除することはなかった。

　フリーメイソンは寛容と自由の擁護、一般教養の向上、身分制的特権の廃止、社会的不公正の廃止に向けての活動によって、政治的後期啓蒙主義やフランス革命の初期運動に限りなく接近していたのである。上に述べた政治的状況は、部分的にはまだ革命以前のものであり、政治的後期啓蒙主義のイデオロギー化過程に対応するものであるが、同時に―1789年の後に展開する思考に関連しては―フランス革命の影響を受けたものである。1789年以前には、共和主義の理解は道義的問題に関連し、それ故国家の道義的脅威を提示するものに過ぎなかった。しかし1789年以降はそうした理解はより政治的なものとなる。というのは、フランス革命は不平等な社会ヒエラルキーを平等の原則で置き換え、そのことによって、すでに1789年以前にロッジで実現しようと試みられた重要な公準が実現したからである。1789年以前には、ロッジにおいてはなお、身分制を超越する社会運動には明らかに啓蒙主義的傾向がみられたのに対して、そうした思想は、徹底した市民的民主主義を信奉するフリーメイソンにおいては変化していった。ロッジ内のそうしたグループは革命的民主主義者となったが、しかしながらまだ少数派に留まった。彼らにとって決定的であったのは、そしてそこにこそ彼らが改良的啓蒙主義者から際立っている事実は、改良によっては社会秩序の根本的変革は達成できないという事実であった。彼らは出自や財産、社会的立場と関係なくすべての市民の政治的平等と自由を要求した。彼らにとってはようやく革命理解が決定的となったのである。

4. 19世紀

　アンシャンレジームの伝統的な政治的社会的秩序との決別は、啓蒙の政治化およびイデオロギー化によって準備されたのに対して、1789年のフランス革命は、社会構造全体を破壊するように思われた。世俗化と地方分権化、帝国の解体によりドイツの国家体制は崩壊した。1806/1807年のプロイセンの敗北とその領域の縮小は政治・社会の根本的な変革を必要とさせ、その改革にはフリーメイソンも決定的にかかわった。革命的フランスとヨーロッパの旧勢力の対決は、政治的領域的状況の全面的変革をもたらした。それはウィーン会議でももはや復興できなかった。18・19世紀の転換期の変革の決定的な重要性は、革命、変革、復古の対抗関係にあり、それは1815年を超えて、アンシャンレジームの擁護者と新たに起こってきた国民自由主義の諸運動の対立の中で続いていった。フリーメイソンはこの対抗の両方の側に存在していた。

　決定的な転換は、世俗的な変化の中にも表現されている。それは18世紀の終わりにおける西ヨーロッパの2つの革命に導かれて、様々な点で近代の始まりと重なりあう。イギリスの産業革命によって産業技術時代が幕を開け、それとともに（経済の）急成長の時代、技術的発展と社会的変革の時代が始まり、他方でフランスの政治的社会的革命は、封建的特権の廃止や人権・市民権の宣言、民主化の始まりと結びついていた。フリーメイソンはこの時期に、そうした発展の先頭に立っていた。フランス革命とナポレオンの支配の時代は、革命的社会秩序と革命以前の社会秩序の間の政治的対立を明確にした。改革をおこなったドイツの諸国は、自国の歴史的伝統を外からの革命的要求と調和させることがその課題となった。この過渡期に成立した社会的混

フランス革命とフリーメイソン；フランス革命の首謀者がフリーメイソンであったという言説は、もっぱら「陰謀説」の作り話にすぎず、革命以前のフランスのフリーメイソンは啓蒙主義的思想をもった高級貴族のサロン的存在でしかなく、組織として国家を暴力的に打倒することには基本的に反対であった。それにもかかわらず、1789年のバスティーユの襲撃事件には多くのフリーメイソンが個人的に参画していたとか、多くのロッジが革命的グループの拠点になったといった説がでてきたのは、もっぱら「陰謀論」の受け売りであった。そうした陰謀論の嚆矢は1779年のバルエルの著作であった（それについては第4章を参照）。そうした見解は、フランス革命と対抗していたドイツ諸国に大きな影響を与え、プロイセンの国王フリードリヒ・ヴィルヘルム3世は1798年に「秘密組織」禁止令を出し、フリーメイソンもその対象とした。ウィーンでは1794年に「ジャコバン主義者」事件がでっち上げられ、多くのフリーメイソンや官僚が逮捕され、その後皇帝フランツ2世は秘密結社を全面的に禁止した。

合体制は、部分的には伝統的で部分的には近代的な要素を持つ不均質な社会体制を有し、同時に近代的な手段で伝統的な支配目的を実現する可能性を持っていた。この過渡期の過程は推進と後退、再封建化と近代化によって特徴づけられる。そうした緊張関係の中で、この時代のフリーメイソンもまた、その改革の試みによって判断され位置づけられねばならない。

確かに、19世紀前半のこうした改革と変革は、部分的には啓蒙主義とフランス革命の成果の延長であると見るべきであり、広範な解放運動の一部と考えられる。しかしながら、この時代の改革過程は、もっぱら国家の最上層部によって担われ、その関係から「上からの革命」の概念を当てはめることができる。帝国内の諸関係の革命的変革は、そのライン左岸の領域においては実際に「上から」ないし「外部から」達成された。

プロイセンのシュタイン・ハルデンベルクの改革は、フランス革命とナポレオンの挑発への対抗とみなすべきだろう。シュタインとハルデンベルク[17]は二人ともフリーメイソンであった。二人は、国家と社会の根本的な改革なしではナポレオンのヨーロッパ内では、生き延びるチャンスはないだろうと確信していた。

カール・シュタイン；フランス革命に対抗してプロイセンの改革（シュタイン・ハルデンベルクの改革）を担った。危険なフリーメイソンとしてナポレオンに嫌われ、オーストリアに亡命したが、そこでも危険人物とされた。

　この時代の重要な要求のほとんどは、解放の要求と解釈された。事実、復古、ロマン主義そしてまたとくに「三月前期」は、その核心とその基本構造において市民層の上昇と市民社会の形成によって規定されていた。例えばフリーメイソンのような社会的そして人道主義的グループの解放を求める戦いは、個人の自由、財産の自由に基づく新たな社会改革への移行の多様で複雑な問題を明らかにしている。農業改革、営業の改善、行政改革、学校・大学の再編成などの改革にフリーメイソンは積極的にかかわった。こうした立法者による政治的な政策は広範な社会的解放過程の一部であり、それらを通じて旧社会の鉄鎖がまず切断され、それから徐々に打ち破られていった。こうした発展にはフリーメイソンも、その特殊な内的組織にもかかわらず、部外者のままではいられなかった。特にこうした社会的変革過程を前に、フリーメイソン内部にも様々な改革の試みがみられた。

　1815年にウィーン会議によって創られた枠組みは、数十年にわたり市民社会の成立形態を規定していた。市民社会の政治的解放と国家秩序の間の矛盾は増大し、19世紀前半の基本傾向を形成していた。国家秩序は、憲法や改革による近代化にもかかわらず、前市民的な支配構造に依拠していたのである。こうした矛盾は、多くの政治的社会的個別紛争を超えて最終的には全社会システムの危機、すなわち1848/49年の革命に導かれた。

　フリーメイソン内の改革努力は18・19世紀の過渡期に大ロッジの組織のみならず、その活動およびしきたりなどの内的問題にかかわっていた。特に言及すべきなのはドイツ人フリーメイソンのクニッゲ[18]、フィヒテ[19]、シュレーダー[20]およびフェスラー[21]などで、彼らは改革運動の先頭に立っていた。改革はもっぱらロッジ憲章および儀式の近代化、フリーメイソンの活動を時代の流れに適合させること、合目的な活動などであった。ただし培ってきた伝統を捨て去ることは控えられた。

　1798年10月20日、国王フリードリヒ・ヴィルヘルム3世は、「公共の安全を脅かす可能性のある秘密組織の防止と処罰のための」法律[22]を発布した。この勅令はブランデンブルク＝プロイセンのフリーメイソンの歴史の1つの政治的転換と看做され、政治とフリーメイソンの間の緊密な相互関係を明らかにした。こうした緊密な結びつきは、1848年の連邦国家の開拓者としてのスイスのフリーメイソンの例にもはっきりと見られる。それは1789年

の旧スイス連邦（盟約同盟）の分裂によって始まり、その後50年続いた発展過程であり、スイスのフリーメイソンはこうした発展と連邦国家の創立に積極的に参加したのである。

　オーストリアのフリーメイソンの歴史はドイツとはいくらか異なる。ここでは1798年は確実に1つの転換ではない。というのは皇帝ヨーゼフ2世の統治の始まり、1784年のオーストリアの大ロッジの創立、そして1785年の皇帝の布令がより深い切れ目であるからである。多分、より重要な第二の切れ目は皇帝フランツ2世と1795年のその犯罪条例であり、その条例によりハプスブルク君主国内のフリーメイソン・ロッジと秘密結社は廃止されたのである。ヨーゼフ2世の1785年12月11日の条例は、1784年のオーストリアの全国大ロッジの成立と密接な関係を持っていた。その成立とともにハプスブルク君主国の全ロッジの統一と統合が—オーストリア領ネーデルラント（現ベルギー）を例外にして—完成した。ヨーゼフ2世の統治初期にロッジが享受できた発展と全国ロッジの成立にもかかわらず、皇帝がフリーメイソン勅令を出し、実際にオーストリアのロッジを警察の監視下においたことは、少し考えただけでは、理解できない。勅令を導いた要因を説明するには啓蒙的絶対主義とフリーメイソンの複雑な関係に立ち入らねばならない。確実なことは、絶対主義的支配者であったヨーゼフ2世は、その啓蒙主義的思想にもかかわらず、フリーメイソンの秘密の活動を受け入れることができなかったのである。それは絶対主義の原則と対立していたからである。確かに、ヨーゼフの統治の最初の数年

1848年革命とフリーメイソン；1848年革命の運動にもフリーメイソンは数多く参加していた。特にフランクフルトの国民議会には大きな影響を与えた。図は国民議会の一会派「カジノ」のメンバー。

におけるフリーメイソンの積極的な発展は上から支持されていた。というのは、皇帝はその改革に信頼できる援助者を必要としていたからであった。しかしそうした意図や計画されていた大ロッジを通じた厳格な指導はロッジの独自の活動を妨げ、抵抗を引き出したのである。また、シンボル的ロッジとスコットランドロッジの厳しい対立[23]がヨーゼフの処置に理由を与えてしまったことも確かである。最後に政治的要因も勅令発布の決定的理由である。

フランツ２世の政府は、特にフランス革命の影響下で、伝統的な社会秩序への強い固執、急進主義と改革者に対する憎しみ、そして警察による弾圧が政治問題を解決する最良の手段であるという信念によって特徴づけられる。確かに、ジャコバン主義者裁判[25]の影響下でフランツ２世は1795年１月２日に国事犯に対する宮廷告示に訴えたのであるが、この犯罪勅令は国事犯に対して最も厳しく対処した。

秘密警察組織はすでにヨーゼフ２世のもとで導入されたが、1815年以降には警察は国家の中でますます大きな役割を果たすようになっていった。その主要な任務の１つとして、自由主義的・民主主義的思想の拡大を防ぎ、相変わらず秘密の活動を続けているフリーメイソンを取り締まる権限が警察に任せられたのである。そのための重要な前提は検閲の強化であり、それは厳格に行われ、さらに網の目のように張り巡らされたスパイ組織があった。そうした政治的精神的状況の中では、犯罪勅令以来禁止されていたフリーメイソンにとっては、彼らの儀式的活動を再活性させる可能性はほとんどなかった。

以上に述べた状況は、世紀転換期のオーストリアのフリーメイソンの歴史がドイツとは異なるものであったことを示唆する。オーストリアにおいては、1800年以降は、すでに啓蒙絶対主義ないしはヨーゼフ主義によって始められた改革は少しも先に進められなかった。フランツ２世とその助言者たちの反動的な政策によって、オーストリアのフリーメイソンの諸活動は途絶えてしまった。その兄弟たちはおそらくは個人的な連絡を維持していたと思われるが。

19世紀においては個々のフリーメイソンは民族的統一運動に確かに参加していたが、ドイツとイタリアの統一がもっぱらフリーメイソンによる成果であったという主張は、確実に間違いである。すでに19世紀の前半に新たな秘密組織が成立したが、それらの組織形態や具体的な組織構造はフリーメイソンをモデルとしているが、その政治的性格はフリーメイソンとは異なっていた。

自由主義に備わっている反教権主義と19世紀のナショナリズムは、教会との論争よりも強い影響をフリーメイソンに与えた。1821年から1884年の間に、8回の教皇声明が出されたが、それらは明確に反フリーメイソンであるか、間違ってフリーメイソンと同一視されたカルボナリ派に向けられたものである。1799年のフランスの「大東社」の設立と古式公認スコットランド儀礼の短期間の取り入れは、フリーメイソンの活動の政治とのかかわりや政治家たちとの結びつきを急速に制限した。1849年にロッジ「大東社」内では「宇宙の偉大なる建築師」のシンボルの義務付けの規定を導入した。ヨーロッパのフリーメイソンのこうした発展時代の中で、特にラテン諸国家では、強力な反教権主義の形成と反教会政策が強まった。フランスの「大東社」はそれから1877年、会員が大建築親方に呼びかけることを許し、大東社内の体制の新たな理解を定めた。「フリーメイソン、それはもっぱら博愛的、哲学的そして進歩的な機構であるが、その目的は真実の探求、普遍的道義と芸術、知の模索、慈善行為の実践である。それはその基本条項に良心の無制限の自由と人道的の団結を掲げ、何人ともその信仰故に排除しない。フリーメイソンの選択の言葉は自由、平等、友愛である。」（Dieter A. Binder, Die Freimauer,『フリーメイソン』111頁）

19世紀にはドイツでは、大ロッジ憲章を近代化し、フリーメイソンの活動を時代に適合し、儀式の伝統を守りながら、目的意識を持った社会政治的活動を追求する努力がなされた。まさに19世紀の始まりとともに、ドイツのフリーメイソンの中で改革の波がはじまった。そうした関連の中で、問題となるのは、まだ比較的新しい運動であるのに、フリーメイソンはなぜまた急速に改革の必要が出てきたのかという問題である。それは特に啓蒙主義とフランス革命と関連するが、同時にまたフリーメイソンの精神的内実を規定していた高度に緊迫した思想とも関連していた。はっきりしているのは、改革の重点はフリーメイソンの概念の中に含まれる基本的対立点、すなわち神秘的思想の伝統と啓蒙主義の合理主義化された徳理解の対立にあったということである。フェスラーによる「ロイヤル・ヨーク友愛会」ロッジの改革はそのことをよく示す。また改革者シュレーダーの儀式改革は、イニシエーション行動を近代的認識のために高度に様式化して残そうとする努力を示していて、今日までも人道主義的フリーメイソンで承認されている。

19世紀のナショナリズムの歴史の中で判断の難しい論点は、フリーメイソンの民族問題に対する関係である。この問題で基本的に2つの問題が区別される。すなわち、1つはフリーメイソンの国家に対する関係であり、ドイツでは国家は19世紀の後半になってからようやく国民国家に発展した。そしてもう1つは、フリーメイソンの民族問題への対応の問題である。イタリアおよびギリシャではフリーメイソンの諸組織は革命的な民族運動に参画していたのに対し、ドイツではフリーメイソンのロッジや政治的な秘密組織は相互に独立した態度を示した。フリーメイソンは少数民族問題にかかわっていたので、彼らも民族問題に取り組んだ。その際彼らは部分的には民族的統一を促進するために、進歩的な民族自由主義の勢力に参画した。そこから、多くのフリーメイソンが1848年のフランクフルト国民議会に参加したことも説明できる。それはまさに、進歩的な発展への感受性を示すものであり、兄弟たちを民族運動に参画させたのである。つまり民族的発想は民主主義的思想と結びついていたのである。

フランクフルト国民議会に属していたフリーメイソンが、それぞれ異なる政治的立場を代表していたこと、例えば民主主義、自由主義、カトリック、立憲君主制、保守派、超保守派などであるが、そのことは彼らの多かれ少なかれ寛容的な態度を顕わしている。そのことはパウロ教会（国民議会の会場）の諸委員会の討議の議事録からも再構成することができる。そうした例から、フリーメイソンはその政治的不完全さと未熟な協会活動にもかかわらず、人間的な寛大さと相互の尊重を示していた。

後にイタリアの国家建設につながったイタリアの民族運動へのフリーメイソンの参加は、しばしば誤解されている。確かに数人のロッジのメンバーが統一過程で指導的な役割を果たしたが、イタリアの統一はフリーメイソンの成果ではなかった。カルボナリ党の秘密連合は実際いくつかの組織形態や実際の組織方法においてフリーメイソンを見習っていたが、フリーメイソンとは直接の関係はなかった。

19世紀にはもう1つ、教会とフリーメイソンの間の激しい論争があったし、社会主義や共産主義との新たな問題が浮上してきた。というのは両者の思想はフリーメイソンの基本的な考え方と部分的にしか一致しなかったからである。社会主義者はフリーメイソンをエリート的な結社であるとみなし、彼らとの協力を留保していた。他方教会は、フリーメイソンは社会主義の基本条項を生み出し、広め、擁護しているとしてフリーメイソンを非難した。

19世紀の発展の本質的な特徴は、ここに挙げた民族主義と民族問題の他に、これまでの経験を凌駕するようなスピードでの伝統的な生活関係、生活形態の急速な変化があったことである。それは産業

化や技術進歩によってもたらされたが、それは深刻な不安感を与え、様々な形でのアイデンティティ危機を導いた。ヘーゲルは19世紀の始まりになお、弁証法的に展開する進歩過程の一定の直線性について述べているが、そうした過程へ参加した諸勢力や諸運動の緊張関係は拡大し強化された。最終的には、新たな市民指導層の拡大する進歩ペシミズムは進歩への期待と和解した。それは、後の非合理的で部分的には明確に反近代的な潮流の出現にとっての好都合となる状況であった。そうした発展はその後20世紀の深刻な政治的社会的危機をまねくことになった。

　こうした困難な発展過程のなかで、ドイツの、特にプロイセンのフリーメイソンは、部分的には支配王家の保護を受けた。その重要性は改革運動（プロイセン改革）の成果の他、1848・49年（革命）への参画、1871年後に達成された大ロッジ連合の形成に見られる。大ロッジの形成は、その後の活動の成果により、適切な方法であったことが証明された。しかしながら19世紀の前半はヨーロッパのフリーメイソンにとっては、さまざまな政治的組織や思想との恒常的な、精神的かつ論争的な対立の時代であった。そうした関連の中で問題であるのは、フリーメイソンの自己理解がいまやむしろ「協会」と表現され、つまり大ロッジの組織は次第に大きな役割を果たし始めたことである。フリーメイソンは自らを歴史的になった組織と理解し、彼らの正当性とその理念をもっぱら歴史から引き出し、それ故未来への展望が欠けていると見なしたのである。

5. 20世紀

　ヒトラーの権力掌握以前にすでに、ドイツのフリーメイソンは、特にエーリヒ・ルーデンドルフ[26]とその一味により激しく攻撃されていた。危機の時代においては、陰謀理論の伝染性は急速に増大したので、1918年の後にはドイツのみではなく陰謀理論は活性化した。フリードリヒ・ヴィヒトル[27]はその著作『世界フリーメイソン、世界革命、世界共和国』という、1919年に初版が、1923年にはすでに6版が出されたその作品の中で、陰謀理論に基づいた状況分析をおこなっている。19世紀の終末と20世紀の始まりの反セム主義の高揚以来、ユダヤは陰謀理論の重要な要素として登場し、それは歴史的には旧い観念が根拠とされていた。フリーメイソンとユダヤはドイツに対して陰謀を働き、第一次世界大戦を煽動し、ドイツにフリーメイソンによる一方的和平を強要し、これを滅ぼしたというのが簡単な弾劾根拠である。19世紀にユダヤはすでに啓蒙主義や革命家の追随者ではなく、世界支配に向けた陰謀の黒幕とされた。そこにはすでに、後にフランス革命への反動として、反自由主義的で右翼急進主義の煽動に使われたユダヤ・フリーメイソンによる世界的陰謀の理論が成立している。最近の研究は『シオンの賢者の議定書』に、近代化され再活性化されたデマゴーグ的反セム主義の変種を見出している。同書が偽造であることは、1934/35年にユダヤ教団により訴えられたベルンでの裁判を通じて当局も認めている。多くのナチはこの『議定書』にユダヤ大財閥による世界支配の証を見ていた。イデオロギー的に強調されたこの陰謀論の根本的前提は、当時の具体的社会秩序の精神的な絶対化であり、同時に反自由主義的世界像である。この世界像は、当時の社会秩序の変化と伝統的待望論の過小評価を悪魔的な少数派の不法で悪意のある産物として攻撃するものである。この陰謀理論が身分

第1章　成立と歴史的発展

ルーデンドルフの陰謀論宣伝；第一次世界大戦のドイツ軍参謀次長エーリヒ・ルーデンドルフはタンネンベルクの戦いで名を上げたが、戦後は極右的活動に従事し、「フリーメイソンとユダヤの世界支配」という陰謀論を妻とともに宣伝してまわった。

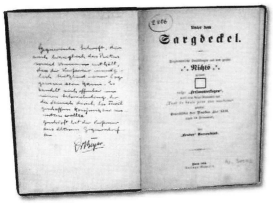

制ヒエラルキーの立場から18世紀の平等原則に対しての基本的批判としておこなわれたという事実は、この陰謀理論は前民主主義時代のアンシャンレジームの代弁者によっても、ワイマール時代の右翼急進主義やナチズムの反自由主義的諸勢力のどちらにも利用され得るものであることを証明するものである。このようなやり方で、陰謀理論は反近代の敵像を構成し、それは敵のイメージにおいて類似する保守派とナチズムの自由主義、民主主義、社会主義に対する共同戦線の構築に寄与したのである。

ナチ党のプロパガンダにおいては、ユダヤ、イエズス会、共産主義者、社会主義者、フリーメイソンといった様々な（社会）グループが一緒にされ批判攻撃されたが、それは彼らが世界的な組織網を形成している超国家的勢力とみなされたからである。「超国家的勢力」は、インターナショナルなあらゆる組織を敵としたナチズムの攻撃目標とされたのである。

フリーメイソンの世界陰謀論のテーゼは、ユダヤの「秘密の指導部」によるロッジの中央指導がある

という固定的考えとともに、ナチズムの反フリーメイソン宣伝を構成していた。アルフレッド・ローゼンベルク[28]は特に人道主義やすべての人間の平等そしてフランス革命とアメリカ独立宣言の理念を攻撃していた。ローゼンベルクの確信によれば、それらの理念はフリーメイソンの中で表明されていたからである。ナチ党のイデオローグの指導者であった彼は、こうした考え方を新異教的野蛮主義（ナチズム）の宗派のために断罪した。1930年代にナチズムの政治権力への登場はフリーメイソンにとっては不都合な展望となった。そうした理由から、フリーメイソンたちは彼らのロッジを去った。特に地方によっては暴力行為も発生し、フリーメイソンを脅し、商売上のボイコットも起きたからである。1934年1月、プロイセンの首相ゲーリングは反フリーメイソンの条例にサインした。彼は全国ロッジを「国家を脅かす同盟」とみなす立場は棄却したが、彼は、ドイツ国民の統一が完成したからには、こうしたロッジが存在する意味はないという理論により、自らの処置を正当化した。

　人道主義的ロッジの兄弟たちにおいては、ナチ思想とその非人道的原理に対する根本的な拒否が広まっていたが、民族保守的勢力が全体として独裁を制限してくれるのではないかという希望を持つ者もいた。それに対して民族主義が強かったロッジは、ヒトラーの権力掌握を不安な気持ちを持ちながら歓迎した。彼らはワイマール共和国の終焉に満足し、権威主義的ではあるが法治国家として運営される安定した政府に、自らの運命を心配しながら、期待していた。フリーメイソンを撲滅しようとするナチズムの最初の処置は、まず、フリーメイソンをナチ党の党員から排除することであった。1931〜1935年にフリーメイソンのロッジとロッジに近い組織がすべて解散された後、その書類はすべて押収され、その管理は帝国保安長官の管轄下に移された。1933〜1935年には、引き続きドイツの大ロッジ、ロッジの解散が完成した。ナチは組織の形式的解散を心配し、略奪、嘲り、追放、拷問、殺人までが行われた。第二次世界大戦直後にフリーメイソンはヨーロッパ諸国で新たに組織された。

　第二次世界大戦後しばらくして、1958年にドイツのフリーメイソンは「ドイツ連合大ロッジ」に統合された。規格流動化、部分的には価値の喪失の時代、社会的不安定、核の脅威、大規模な環境問題の時代に、フリーメイソンは新たに課題を突きつけられ、時代の流れに対置していることを意識した。その中には確かに教会とフリーメイソンの関係の問題もあるが、それは問題の全体状況のなかでは過剰評価されるべきではないだろう。決定的であるのはフリーメイソンが、人間の価値をその思想信条によりドグマ的に判断するのではなく、その誠実さにより判断すべきことである。フリーメイソンはその最後の判断を「宇宙の偉大なる建築師」のシンボルに依拠してきた。その言葉こそが、ドグマ的決定や論争無しに人間的に一致を得ることを可能にするフリーメイソンの努力の表現なのである。

訳者註解

1) **テンプル騎士団**；第1回十字軍の後の1128年にソロモンの神殿跡を拠点にし、聖地と巡礼者を守ることを理由に、主にフランスの騎士を中心に形成された、赤い十字架をあしらった白いマントの修道服を着用、十字軍後はフランスもどり、その後異端の嫌疑で1312年に解散させられた。後述のラムジーにより、フリーメイソンの発祥源と位置づけられた。

2) **ヨハネ騎士団**；テンプル騎士団とともに十字軍国家の救護院・常備軍として活動、巡礼路に救護施設をつくる。十字軍後には地中海（キプロス、ロードス、など）、や西欧各地に所領を与えられイスラムと対抗、キリスト教の布教や教会運動に寄与。1530年からはマルタ島を拠点にし、**マルタ騎士団**とも呼ばれ、今日まで存在。なお**ドイツ騎士団**は1198〜99年に十字軍国家内に成立。13世紀からはバルト海沿岸に拠点を置きプロイセン人の教化改宗をおこないドイツ騎士団領を形成、その後プロテスタントに移行、ブランデンブルクと結びつきプロイセン公国の拠点になる。

3) **アカデミー運動**；古代にいてはプラトン学派が「アカデミー」と名乗ったが、中世においては長く忘れられ、ルネッサンス期にメジチ家によりフィレンツェに「プラトン・アカデミー」が設立された。19世紀にドイツのケラーはそこにフリーメイソンの前身を見出そうとした。

4) **ブラフマー**；梵天＝インド神話の創造神。

エルエスコリアル儀式；古代ギリシャの豊穣の神エレウシス。

オシリス伝説；エジプト神話の冥界の神。死と復活を司る。

ピタゴラス派同盟；紀元前530年に、南イタリアのクロトンに成立設立されたという宗教的精神的改革同盟。その教えはピタゴラスに帰着するとされる。その同盟は権威的親方への無条件な服従を求め、忠誠、沈黙、禁欲的生活を送り、秘密の認識身振りを持っていたとされる。ピタゴラス同盟の教えの原則は、世界の基本原則は物質や力ではなく、数字にあるという。すなわち、純粋な形式にあるというもので、数字は純粋な客体であり現実であるとみなされる。そして数字は物事の特質を顕わし、徳自体も数字とハーモニーに帰される。そうした数のシンボル化は新プラトニズムや初期キリスト教にも影響を与え、カバラや錬金術や人文主義にも影響を与えた。それ故、それがフリーメイソンの一要素となったこともあり得ることである。数のシステムはフリーメイソンの儀式において重要な意味を持っている。

エッセネ派；ユダヤ教の一教派。神殿の世俗化に抗議、荒野での禁欲的生活を行った。

ミストラ；ミスラ。ペルシャ神話の光と神話の神、後に太陽神。ゾロアスター教では神と人間の調停者。

カバラ；ユダヤ教の「伝承」。アダムないしモーセに開示された神の奥義。ユダヤ神秘主義の論拠となり、後にメシアニズムを生む。

グノーシス；「霊知」を意味する。ローマ支配下の東地中海で生まれた宗教思想。可視的物質世界を悪とし、至高神の霊的世界を本来の世界とする二元論。人間は後者の認識（グノーシス）を追求・獲得して救われるとする〔第2章註12〕も参照）。

ドルイド；ケルトのドルイド教の司祭。

バルデン；古代ケルトの楽人。

5) **新プラトン主義**；古代ローマ末期にプロティノスによって始められた哲学。プラトンの哲学を解釈認識することはできないとし、直感によって認識するといった神秘主義を説く。

6) **薔薇十字兄弟団**；多くのフリーメイソン研究者が、特にドイツのフリーメイソンは薔薇十字兄弟団の影響を受けているとする。しかし「薔薇十字兄弟団」の実態はあまり知られていない。それどころか、「薔薇十字兄弟団」は、17世紀の様々な秘密結社の成員の総称概念であるともされる〔第3章5を参照〕。

7) **アンソニー・セイヤー Anthony Sayer（1672〜1742）**；1717年6月24日にロンドンで4つのロッジ（「リンゴの木」、「ガチョウ亭」、「王冠亭」と「ローマ人亭と鳩亭」の4つ。最後のものだけがいわゆる「思弁的フリーメイソン」で、最大の70人の会員を抱えていた。）が一同に会し、1つの大ロッジを創ったといわれるが、その最初の指導者「大親方」となったのが最年長のセイヤーであり、その役を1年間務め、イギリスのフリーメイソンの創始者とも位置づけられる。しかし彼の出自や初期の活動については何も知られていない。彼の選出の際にも「ミスター・アンソニー・セイヤー、紳士」としか記されていない。

8) **ロッジ・ハンブルク**；ハンブルクはロンドンとの緊密な交易関係を持っていて、その影響下でフリーメイソン運動も始まり、1733年にハンブルクのフリーメイソン・ロッジはドイツでの最初のロッジとして成立したとされるが、異説もある。詳しくは「解説1」参照。

9) ベルリンのロッジ『**三つの地球**』、ウィーンのロッジ『**三つの規範**』「**プラハのロッジ**」と**フランツ・アントン・シュポルク**、に関しては「解説」参照。

10) 「**1738年の教皇クレメンス12世の破門勅書**」「**1751年のベネディクト14世の破門勅書**」については、第4章を参照。

11) **ジョン・シオフィラス・デザギュリエ** John Théophilus Désaguliers（1683〜1744）；「近代思弁的フリーメイソンの父」と呼ばれる。1683年フランスのラ・ロシェルに生まれたが、家族がカルヴァン派であったため1685年のナントの勅令廃止によりイングランドに亡命、オックスフォード大学で学びウェストミンスター校で教師となる。その頃ニュートンと知り合い「王立協会」に入会、英国国教会の聖職者になり、ロンドンに留まり自然科学の研究を続ける。いつフリーメイソンに受け入れられたかは不明であるが、1717年のロンドンの大ロッジ形成に貢献、1719年には第三代の大親方に選出され、1723年の「アンダーソン憲章」の成立に対しても、その構想と素材を提供したといわれる。1731年のロートリンゲン（ロレーヌ）公フランツ・シュテファン（後の神聖ローマ皇帝のフランツ1世、マリア・テレジアの夫君）の参入儀式も主催した。

12) **シュヴァリエ・ドゥ・ラムジー** Chevalier de Ramsay（1686〜1743）；推定1686年にスコットランドのエアに、プロテスタントの家系のパン屋の息子として生まれ、エディンバラ大学で学ぶ。フランスのカンブレでパリの王宮から追放されたカトリックの大司教フェヌロンに出会いローマ・カトリックに転向、ラザロ騎士団の成員となった。フェヌロンの死後パリに出て、追放されたイギリス国王ジェイムズ2世の王太子の教育係となったが、スコットランドからは追放された。しかしその研究活動によりオックスフォード大学の博士号を受けロンドンの王立協会の会員となり、ロンドンのロッジに受け入れられた。1737年に彼はパリで大きな講演をおこなった。それはフリーメイソンの起源を十字軍とその時に成立した騎士団、とくに聖ヨハネ騎士団（テンプル騎士団）に求めようとした。そこではヨーロッパの王侯貴族や騎士たちは、身分や民族の差異を超えて精神的団結を求めて友愛的結社を創り上げようとし、帰還後ヨーロッパ各地にロッジを組織したが、その多くは戦乱と争いの中で消滅してしまった。スコットランドのロッジだけは、スチュアート家の保護を受け、その伝統を引き継いで、理性的人類愛と純粋な理性を追求していると位置づけた。そうした論理によりラムジーはフリーメイソンをカトリック教会に臣従させようとしたのであり、その論理はイギリスでは歯牙にもかけられなかったが、フランスではおもわぬ熱狂的ブームを呼び起こし、フリーメイソンの「テンプル騎士団（ヨハネ騎士団）」起源説を生み出し、スコットランドに対する憧憬を生み出した。

13) 「**薔薇十字**」および「**イルミナーテン**」については第3章5を参照。「**アジアの友**」は1782年にフォン・エッカー・ウント・エックホフ男爵によりウィーンに創られ、特にオーストリアのハプスブルク世襲領で広まった。男爵はウィーンのロッジ「七つの天国」の親方として認められ、新たな5位階制度を提唱、ユダヤを「古代の真のアジアの兄弟」として受け入れようとした。後にベルリンに移り「アジアの友」を形成。

14) **マルティネス的リヨンシステム**；フランスの哲学者サン・マルタン（1743-1803頃）の思想をフリーメイソンの思想に取り入れようとしたグループ。オカルト的錬金術的グループと見られるが、詳細不明。19世紀には「近代的マルティニズムとして分派ができるが、分裂消滅する。

15) 「**黄金・薔薇十字**」の兄弟団についても第3章5を参照。

16) **イルミナーテン**（**光明会**）についても第3章5を参照。

17) **カール・シュタイン** Heinrich Friedrich Karl von Stein（1757〜1831）；1778年にロッジ「三つの鉄兜のヨーゼフ」の一員となる。フリードリヒ・ヴィルヘルム3世の財務大臣を努め農民解放を実施。都市条令の制定を主導。その後国王から疎まれ、ナポレオンにより追放され1809年にオーストリアに亡命、そこでもウィーンの政権から、「危険な啓蒙主義者で改革者」「メイソン的考えをもった人物」と弾劾された。

カール・アウグスト・ハルデンベルク Karl August Fürst von Hardenberg（1750〜1822）；1750年ハノーヴァーに生まれ、ハノーヴァーのロッジ「白馬」に属し、親方の地位にあった。プロイセンに呼ばれ外交官から首相の地位に着き、改革を断行。ナポレオンには嫌われたが、国王フリードリヒ・ヴィルヘルム3世に「フリーメイソンは最良の臣民である」「特に内外の重要な問題においては強力な推進力となる」と評価された。

18) アードルフ・フォン・クニッゲ男爵 Adolf Freiherr von Knigge（1752~1796）；「疾風怒濤時代」の作家の一人。作品に『人間との付き合いについて』他。専制に反対した平和主義者、世界市民的で愛国者と看做される。カッセルのロッジ「戴冠したライオン」に属し、後にはイルミナーテンにも加わり、フリーメイソンの根本的改革を主張したとされる〔第3章註32〕も参照〕。

19) ヨハン・ゴットリープ・フィヒテ Johann Gottlieb Fichte（1762~1814）；哲学者。1793年にイエナ大学の教授として「神による世界支配に対する我々の信仰の基盤に関して」という論文で無神論者とみなされ、大学を解雇される。その後ベルリンに滞在、1807~1808年ナポレオンの占領下のベルリンで「ドイツ国民に告ぐ」という一般向け講演をおこない、1810年ベルリン大学が創設されるとその初代哲学教授となる。フィヒテがどこでフリーメイソンに受け入れられたかは不明であるが、1794年にはルドルフシュタットのロッジの成員になっている。ベルリンにおいてもフィヒテはフリーメイソンに入会しようとするが、1800年にようやくロッジ「ローヤルヨーク」に受け入れられた。しかしそこの指導者フェスラーとの蜜月は長く続かず、フィヒテはロッジを退会するが、フリーメイソンとの関係は続いていたとされる。ある手紙のなかでフィヒテは「祖国愛は行為であり、世界市民主義はその思想である」と述べ、前者は現象であり、後者はそうした現象の内的精神である」としていた。レッシングによれば、その言葉はドイツのフリーメイソンに精神的内容を与えたと評価された。

20) フリードリヒ・ルートヴィヒ・シュレーダー Friedrich Ludwig Schröder（1744~1816）；ハンブルクの劇場主、劇作家、役者。フリーメイソンの世界でも創造的改革者とみなされていた。1774年ハンブルクのロッジ「花盛りのエマヌエル」に受け入れられ、同年同時に1777年まで続いたもっぱら役者仲間の私的ロッジ「暖かき心のエリサ」を創る。当時の混乱したフリーメイソンの内情のなかで、シュレーダーは、一方でグノーシス的熱狂に反対し、他方では急進的改革に抵抗していた。彼は「儀式は、理解可能な美しいシンボルをもって、簡潔に自然に則った基盤の上で組み立てられるべきである」と主張していた。

21) イグナーツ・フェスラー Ignaz Aurelius Feßler（1756~1839）；西ハンガリーの敬虔なカトリックの家に生まれ、聖職者への教育を受けていたが、1781年にウィーンにやってきて、ヨーゼフ2世の自由主義的教会政策の支持者と知り合い、啓蒙主義的思想に目覚める。皇帝に修道院の牢獄の残酷な扱いについて報告し、教会制度の改善を提示した。彼は皇帝によってレンベルク大学の教授に任命されたが、出がけに暗殺されそうになり、レンベルクではカプツィーナ修道会から追放され、フリーメイソンとなり1783年にロッジ「丸い看板の不死鳥」に受け入れられた。彼の反イエズス会的劇作により、教会側からの圧力はさらに強まり、彼はブレスラウに逃げ、1796年にはベルリンに移った。そこでロッジ「ローヤル・ヨーク」に加盟（1796）、その改革者として活動。国王（フリードリヒ・ヴィルヘルム2世）からはジャコバン主義者の疑いを受け、同じ頃のフィヒテとも折り合いが悪かった。彼は、上部位階をすべて廃し、フリーメイソンの活動を原初イギリス的な教育施設に戻すべきと主張した。しかしその主張はベルリンのロッジの反発を受け、フライベルクのロッジ「三つの山」に移り、最終的にはペテルブルク大学の教授になった。そこでフェスラーはツァーリ・アレクサンドル1世の顧問委員会に入り、ロシアにおけるフリーメイソンの公式な許可を取り付けた。

22) **1798年の法律**；この法律は「秘密の結社を予防し、罰する」ものであったが、フリーメイソンの3つの大ロッジは例外とされ、それらは独占的な地位を獲得した。

23) **シンボル的ロッジとスコットランド・ロッジの厳しい対立**；伝統的三位階のロッジと、さらに上位の位階を設定するロッジの対立。下位と上位の対立ともみることができる。

24) **ジャコバン主義者裁判**；1794年7月24日の夜、ウィーンおよび地方で一連の人々が逮捕された。その中には一連の著名人が含まれていた。皇帝のかつての教師であったアンドレアス・フライヘル・フォン・リーデルの他、市参事会員、将校や多くの官吏が含まれ、多くがフリーメイソンの成員であったとされる。彼らは、かつてはヨーゼフ2世の改革に参画するかそれに賛成した人々であったが、まったく政治的でない者もいた。フランツ2世は前例となるような厳罰を望み、廃止されていた死刑を執行するための特別裁判を行おうとしたが、法学者たちの反対によって死刑は行われず、将校のヘーベンシュトライトだけが軍事裁判で絞首刑に処せられた。その他の指導者たちは3日間の晒刑と長期の禁固刑とされ、1802年にようやく解放された。リーデルは1809年まで禁固、ナポレオン軍によって、解放された。

25) **エーリヒ・ルーデンドルフ** Erich Ludendorf（1865~1937）；第一次世界大戦のドイツ軍参謀本部長。戦後カップ一揆やヒトラー蜂起に参加、大統領選挙にも立候補するが落選。ナチの運動に加担し、特にフリーメイソン、ユダヤ、イエズス会攻撃の論陣をはった。1926年『フリーメイソンの秘密の暴露によるその殲滅』を発表、「フリーメイソンの秘密はそもそもユダヤの秘密である」、「フリーメイソンの目的は、諸民族のユダヤ化であり、ユダヤ支配、エホヴァ支配の確立である」とし、その本部はニューヨークにあると述べていた。その宣伝のために『ドイツ週報』や著作を発行し、この時代に陰謀理論は大きく広められた。フリーメイソン側も、広範な署名運動やルーデンドルフへの「公開質問状」などで対抗していった。

26) **フリードリヒ・ヴィヒトル** Friedrich Wichtl（1872~1921）；オーストリアのドイツナショナリスト派の政治家。第一次世界大戦後の1928年に『世界フリーメイソン、世界革命、世界共和国』などの扇動的なフリーメイソン中傷文書を広めた。ヴィヒトルはあらゆる革命や（サライェヴォなどの）暗殺をフリーメイソンと結びつけ、それをユダヤの支配欲に奉仕するものと位置づけていた。

27) **アルフレッド・ローゼンベルク** Alfred Rosenberg（1893~1946）；ナチ党の精神的指導者として、その機関紙『フェルキッシュ・ベオバハター』の主幹を勤め、ユダヤ、フリーメイソンとの戦いを先導。『シオンの賢人の議定書』の信憑性を強力に主張した。『批判的研究によるフリーメイソンの世界政策』（1929）『フリーメイソンの犯罪』などの著作がある。

第2章

目的と内部活動、理論と実践

1. 象徴と儀礼

フリーメイソンの世界では、象徴が決定的な役割を担っている。フリーメイソンの生活や儀礼における象徴の数は3つの中心テーマに限定される。すなわち、私は誰か？ 自己を取り巻く世界におかれた個人。自己の死に打ち勝つこと（第三位階[1]におけるヒラムの伝説[2]）。それに加えてさらに、儀礼の進行での象徴的場所と時間という形で、宇宙進化論的なモデルの中へのフリーメイソンの組み入れがある。その表現様式は歴史的に伝えられており、でっち上げられたものではなく、特別に簡素なものである。最も重要なものしか言及しないが、太陽、月、未加工の粗石と切り石、明るい柱と暗い柱、稲穂、チェス盤をかたどった大地、五芒星と六芒星[3]、宇宙の原始の海のイメージを受け入れる白黒のジグザグ線、ジッグラト（世界山としての階段状のピラミッド）などが挙げられる。その上、ロッジは地球の中心地から星々へ、東から西へ、南から北へと広がる宇宙を包み込んでいる。その象徴的な作業は「真っ昼間」から「真夜中」まで行われている。

象徴概念は「広義の象徴」と「狭義の象徴」に区別される。広義の象徴は一般に「象徴」として描かれうるすべての表現形体であり、狭義の象徴はたいてい簡単な記号、指の形、音、オブジェまたは類型化された動作のことである。狭義の象徴において、その

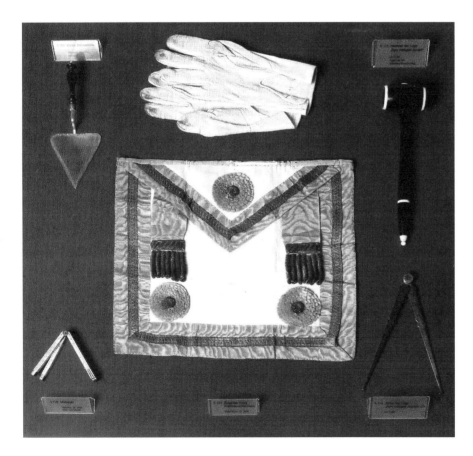

フリーメイソン親方の道具；フリーメイソンの儀礼の道具は石工組合の道具を象徴的に受け継いでいる。前垂れ、手袋、コンパス、コテ、槌などがみられる。

第 2 章　目的と内部活動、理論と実践

儀式用敷物；儀式の位階に合わせて、別の敷物を敷くか描かれる。位階に合わせ、二本の柱やコンパスその他の象徴が描かれている。

内容は合意に基づくものではなく、魂に内在している「原型の」対応関係に基づいている。

　フリーメイソン儀礼の系譜を歴史的に整理するための根拠として、精神的な内容のために、どのような象徴が使われ、どのようなものが使われなかったのかは重要なことである。狭義の象徴の結合価は、今日深層心理学の手法を使って証明することができる。この内なる結合価がなかったら今日フリーメイソンは存在していなかったであろう。なぜフリーメイソンが教条的ではないのかについては、狭義の象徴概念に基づいて理解することができる。というのは、象徴の理解はここでは象徴表現によって伝達されるべきものを決定する合意あるいは何らかの決定機関に依存するものではないからだ。象徴の

作用は魂の等質形成に基づいている。どの人間も他のひととは異なる。それゆえ象徴への分析の影響はあらゆる人間の間での根本的な一致にもかかわらず異なっている。狭義の象徴はフリーメイソンの超時代性や国際性と宗教上の信念からの独立性のための主要な要素の1つでもある。要するに狭義の象徴はフリーメイソンが存在するための実質上の基盤なのである。それは兄弟たちに言葉を通してではなく、実存の内面化を通じて我々の存在にまつわる根本的な問題の手ほどきをしてくれるのだ。

　フリーメイソン運動によって生み出されたあらゆるものが建築の象徴の下で理解されているように、フリーメイソンの儀式は比喩および比喩による行為の中でおこなわれる。フリーメイソンの象徴的表現

暗い小部屋；フランス語では「反省の小部屋」。フリーメイソンへの受け入れに際して、自らの過去を振り返りその決意を確認し遺書を書くために入れられる小部屋。小道具として骸骨と砂時計が置かれている。

の本質は、それゆえ比喩的な慣習や識別記号に区分される見習い修行を示す記号および象徴的な動作にある。見習い修行を示す記号には大小3つのランタンと比喩的な図形を描いた敷物が挙げられる。比喩的な慣習は入会及び高位位階への昇級の際に使用され、識別記号は手の動きと手で握る動作である。フリーメイソンの本質は象徴の途切れない連鎖にある。ロッジの活動は比喩的な慣習を詳しく説明するために、あるいは象徴の意味を短い言葉ではっきりと示すために、または講演で解説す

受け入れ書（徒弟位階）；
手書きで規律とサインがみられる

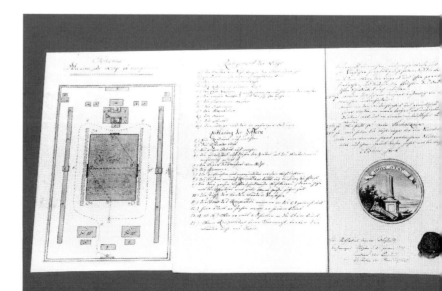

正装の親方；右は前垂れと首掛け、ワッペンなどを付けた親方。上はそれぞれのロッジのワッペン。

るためにおこなわれる。その際にフリーメイソン運動の精神的な内容はさしあたり言葉によってではなく、姿勢や動作によって示される。その姿は生き生きとした具体性という長所を持っていた。それ故、思想と概念を耳で聞くだけでなく、目で見えるようにするために、その話は頻繁に比喩的に描写される。確かにロッジにおいて、フリーメイソンの見習い修行を示す記号と慣習にはっきりとした言葉による説明がないわけではないが、言語は姿勢や動作の随伴者であり奉仕者にすぎない。象徴の意味は絶対的に決まっているわけではなく、フリーメイソンは考察の自由を持っている。

　人格形成という目的をフリーメイソンは様々な手段で達成しようとしている。そのためにフリーメイソンはロッジという形で自由な空間と信頼空間を精神的な取り組みや様々な種類の活動、瞑想のために提供している。フリーメイソンの儀礼主義において通過儀礼の方法が焦点となる。「通過儀礼」とは「秘儀の伝授」を意味する。儀礼は比喩的動作がおこなわれるべき秩序を意味している。儀礼は多くの場合、石工の古き手工業の伝統をモデルにしており、そこに起源を持っている。ほとんどすべてのフリーメイソンの修行方法には独特の儀礼があり、こうした儀礼は1つの同じ修行方法の中でさえも異な

親方の前垂れ；
石工組合からの伝統を意識した
象徴を持つ前垂れ。

る場合がある。フリーメイソンの教えは言葉ではなく比喩的形式を介して伝えられるため、儀礼は総体としてフリーメイソンの中で特別な意味を持っている。基本思考に均一性が存在していても、儀礼の中には特別な修行方法が反映し、彼ら自身の性質を伝える。儀礼は個々の大ロッジから娘ロッジに指示され、娘ロッジは個々の石工組合ロッジに対してある種の儀礼の自由を認める。

　フリーメイソンの理解では儀礼は感覚を第一とし、それに応じて劇的に設計された比喩的な図形やオブジェを含めた象徴的で寓意的な言動やジェスチャーが配列される。通過儀礼の方法の基本的な考え方は、儀礼に参加する兄弟が儀礼行事に没頭することによって象徴と自分の感情との集中的な相互作用に置かれることにある。どのフリーメイソンの儀礼も明確に区分された構造を有する。すなわち、参加者の同意、行事がおこなわれる象徴空間の設置、通過儀礼の中心部分、象徴空間の解体と終わりである。フリーメイソンにとって、フリーメイソン運動および儀礼が中心的に扱う対象の核心は、3つの実存的なテーマに対する個人的な取り組みである。すなわち、私は誰か、自分を取り巻く環境における個人、自分自身の死、である。フリーメイソンの儀礼は、お香やトランスなどの興奮刺激を使用しない。その雰囲気は明快で調和が取れており、儀礼の台詞は簡単なもので、フリーメイソンの根源の1つである石工組合の伝統の影響を受けている。要するにフリーメイソンの儀礼とは、内在化や内部の刷新、思考の明確化、意識の拡大をまとめるシステムのことなのである。

2. 宇宙の「偉大なる建築師」

宇宙の「偉大なる建築師」という表現は、フリーメイソンでは世界の創造主と守護者の呼び名である。それ故ジェイムズ・アンダーソンはフリーメイソンの歴史の始まり（1723年）に「宇宙の偉大なる建築師」という表現を用いた。宇宙の「偉大なる建築師」という象徴はフリーメイソンの倫理的責任感に基づいて構築された。フリーメイソンの中では、人間の価値は宗教共同体やある教義への告白に応じて判定されるわけではなく、知的誠実さによって判定される。「偉大なる建築師」には、生命に感覚や人間としての責任感を与える永遠に変わることのない背景と包括的な枠組みを象徴する効力がある。確かにフリーメイソンは宗教ではなく、それゆえ現存の宗教共同体と競合してはいないが、超越的な関係なしにはやっていけない。メンバーに倫理的な行動を要求するフリーメイソンは、人間とその存在の向こう側にあるものを指し示す理想への接続を必要とする共同体である。

フリーメイソンの伝統では宇宙の「偉大なる建築師」は、この超越への回帰的な接続にとって重要な位置を占めている。ドイツの大ロッジ「ドイツの古式公認フリーメイソンたち」A. F. u. A. M. の憲章では、それ故次のように書かれている。「フリーメイソンは創世の中に、生きとし生けるものすべての中に、また人間の道徳的意識の中に、知性、強さ、美しさに満ちた神の働きを見ている」。フリーメイソンの考えでは、人間は不完全な状態で生きている。人間は行為を決定してしまうのに必要な条件が存在するとは信じていない。フリーメイソンにとっては、不完全な状態は調整機能を持つ超越と非常に密接に結びついている。フリーメイソンにとって超越は存在論ではない。というのは、たとえ自分自身の完全化に取り組むことによって、これに少しずつ

宇宙の「偉大なる建築師」；宇宙の偉大なる建築師というこの言葉自体は聖書やタルムードにその起源を持っているが、フリーメイソンにおいてはむしろ神やキリストを否定ないし避けるために使用されている。あらゆる宗派の信徒に門戸を解放していたフリーメイソンは、大文字の神を避けるためにこの用語を使用した。しかし、19世紀後半にはフランス大東社内部でこの言葉をめぐり大論争が起こり、反教権主義者と保守派（「アンダーソン憲章」には神の実在を信ずる者のみがフリーメイソンになれるという条項が残っていて、それを遵守しようとする人々）が対立し、結局、「神の実在条項」は撤廃され、イギリスの連合大ロッジや正規派は大東社と断交し、大東社を「無神論者」として非難した。ドイツでは、むしろ宇宙の「偉大なる建築師」論が受け入れられていった。

近づこうとしても、その目標は最終的に達成されることがないからである。フリーメイソンにとって真実とは思想的照準点である。フリーメイソンはそれを見て積極的な自己精錬の際に自分の位置を確認する。仮にフリーメイソンが真実を我が物にする必要があったならば、それを啓示の内容にすることでフリーメイソンという組織に宗教としての意味合いを与えていただろう。調整的な原則として宇宙の「偉大なる建築師」を解釈することは、それ故フリーメイソンの超越理解にとって極めて重要である。

　一方で調整的な原理としての宇宙の「偉大なる建築師」の象徴は、それを宗教的信仰の神という観念と同一視することができないことを先験的には意味しない。このような場合、宇宙の「偉大なる建築師」は、フリーメイソンが神から生み出し、どの宗教でも異なる表情をまとう肖像となる。宇宙の「偉大なる建築師」を調整的な原理と見なすことは、他方で超越への欲求を満たし、自然主義の形体における「至高の存在」を内在、経験世界の一部とさせてしまう危険を防ぐ。その意味でも超越を調整的な理想像として、またそのことでフィクションとして捉えることは、それに現実の存在を付与することではなく、むしろ倫理的行動のための前提条件を発生させること を意味するのである。「知性、強さ、美しさに満ちた神の働き」のようなフリーメイソンにおなじみの概念は議論の余地のない真実というわけではなく、フリーメイソンの兄弟の行動のために有用かつ必要な純粋な思考構造として見なされるべきである。このような思考構造の目的は、あらゆる経験可能な現実がその配列の中で根源としての「至高の存在」から生まれたかのように見られることによって、すべての世界での体系的な統一性を確立するということにある。現象の世界で想定される因果関係の類推に従って、ここではあらゆる世界の現象形態の原因となる存在が受け入れられている。世界の現象形態は完璧な理性的動物の配列を同じく形成し、完璧な理性的動物は賢明な意図でこれを力強くまた美しくもたらす。英知に率いられたシステムに事象の多様性を結びつけることによって、フリーメイソンはある種の世界秩序を形成する。神の働きを想定することは、倫理的な行動の前提をも作り出す。それそのものを評価できてはじめて、すべての道徳的によい行動が可能になるからである。これはつまり、行動する人間は、世界秩序の合理的な原理が自分のために存在する時に限って、道徳的であるように思えるということである。

3. フリーメイソンの人類学

　フリーメイソンは本当にはっきりとした（特別な）人類学を持っている。その人類学は兄弟を「未加工の粗石」での仕事で決定し、指導する基本価値を定義している。このような人類学は、倫理的な完璧さと関係する領域を重要視しているので、部分的なもので、完璧で包括的なものではない。自由、寛容（とそれを超えて他者を介した同胞理解）、友愛と（「偉大なる建築師」という意味での）超越はフリーメイソンの人間理解の一部である。超越は二重の 機能を持っている。つまり、超越は道徳的な価値基準を正当化し、人間の存在に意味を与え、また人が理想の実現の際に迎える最高の目標を表しているのである。しかし、フリーメイソンの人類学には「通過儀礼の秘密」と基本的な通過儀礼のコンセプトも含まれている。これは、どのようにしてフリーメイソンの人類学の完全な内容が通過儀礼でおこなわれる儀礼によって獲得されうるかを示している。フリーメイソンとしての人間の自己実現は、フリーメイ

ソンの人間像と宇宙の「偉大なる建築師」の行動基準によって制御されつつも、原則と個人との間の恒久的な弁証法的争いという形で生じる。ここで明らかにされたフリーメイソンの支柱は、それが完全な哲学システムを意味するのではなく、人間の正確に定義された実践哲学であり、人間の本質にあった行動パターンであることを明確にするものとされる。

　フリーメイソンの思考の本質的な核心は、フリーメイソンの人類学にある。その内部では通過儀礼すなわちフリーメイソンが人間を自己完成への道に導くために使用する儀礼に重点が置かれている。これは「存在の美学」あるいは「修行倫理」とも呼ばれる倫理的コンセプトを介して生じるものである。ここではフリーメイソンは処世術として扱われている。生き方（処世術）としてのフリーメイソンの中では、存在つまり自分の存在の中での人生の達成が重要となってくる。フリーメイソンの本質は科学的方法によってではなく、存在の美学によってのみ捉えることができるのだ。

　美学的価値とは成形、造形、変形である。存在の美学は、自分自身と自分の人生から芸術作品を作り出すための、秘教的な主題から一般的大衆の自己への転換をおこなうための形成への意志である。存在の美学は自分自身を発明し、加工することを意味する。その際には生の技芸は規範の遵守ではなく、個人の態度を介して成立する。処世術は個人的な芸術作品という形をとった自分の人生の鍛錬であるといえる。処世術は自己崇拝や自己執着ではなく、自己修養であり、自己実践の教育である。自分自身の人生を形作り導くことは、修行、実践（様式）、自己形成、熟練と器用さという技術の習得を意味する。処世術では自分自身を人間に導き、自分の人生を成形する能力を与える個人の原型の加工が問題となる。この点で処世術としてのフリーメイソンは成形の試みであり、自己造形の試みであり、科学的な方法ではないのである。

　フリーメイソンは倫理的共同体を自任している。倫理的な基本的合意は倫理的な生活態度の発展、すなわち「存在の美学」の形成にある。それは、規則や戒めを必要とせず、修行によって模範的な試練を経た行動様式の特定のイメージを成立させる「修行倫理」である。このような側面は特にフリーメイソンの儀礼の中に強く現れている。

　フリーメイソンの思考は儀礼のほかにも特に強く特徴付けられる合理的な組織体系を示している。フリーメイソンの意味は目的にかなった説明だけでは捉えられない。フリーメイソンは哲学的なシステムではなく、人間社会のための人道的な行動パターンなのである。フリーメイソンの人間像は、結びつき、統合し、均一化する性質を持つが、排除するものではないので、ヨーロッパ思想の中で特別な位置を占めている。フリーメイソンには、通過儀礼の方法で「偉大なる建築師」の希望に添う倫理的目的設定の追求を求める哲学的な人類学が存在するのである。

4. フリーメイソンの人間中心主義

　フリーメイソンの人間像とは、人間中心主義も非常に密接に関係している。フリーメイソンは彼らの儀礼主義から明らかなように、普遍的な人類愛という神殿の建物を建築している。これはフリーメイソンが従うべき理論的な体系的学説でもなく、確定した道徳教訓でもない。フリーメイソンは人間中心主義をロッジの中や世俗の生活の中で体験し、その中で人間の中の人間として理解されるものを理解し、

自分自身で得られた人間から全人類を推論する。人間中心主義、人間性、思いやりと同情は、それゆえフリーメイソンにとって儀式中に形式通りに繰り返される単なる価値あるいは極めて空虚な言葉ではなく、とりわけ具体的な実践なのである。人間中心主義はそれゆえ高尚な人間の実践である。人間の質をフリーメイソンは象徴的儀礼行為の中で言及された質を象徴化することによって知り、経験するのである。

　悩み、愛する、有限の存在としての人間は理性的なものでもある。これはすなわちフリーメイソンの人間中心主義にとっての重要な認識である。フリーメイソンは舞台の演技の中で、個人であるということ、周囲の他の人々を体験すること、彼らに同等に出会うことが何を意味するかを知っている。彼は最終的に自分が死ぬということが何を意味するのかをも体得する。人間中心主義はフリーメイソンにおいて自身の苦悩や望み、意味の問題を認識し始める。儀式でこのような行動する兄弟として経験する人間の質が明らかになる。フリーメイソン運動とはとりわけ実践であるので、フリーメイソンは秘儀伝授を受けていないものにも完全に伝達できることを求めていない。というのも、こうした者は儀礼実践を熟知していないからである。儀礼の舞台の行動の中でフリーメイソンに「人間とは何か」という質問の答えは、理論的な知識で伝えられるのではなく、彼が経験した実践を通して答えを知るという形式で、伝えられる。人間中心主義は知識の中に、すなわちよりよい世界についての推定上の知識の中に打ち立てられるのではなく、人間という存在の包み隠されていない事実に対する曇りなき眼から結果として生じるものである。人間の非人道的な存在条件はそれゆえ不変の定数を形成することはなく、改良されうるものである。フリーメイソンの人間中心主義は「善良」の正確な知識によってよりも遙かに強く人間の完全性のイメージによって決定される。フリーメイソンの同胞の世界的つながりの象徴の中で全体としての人類は、特定の人間の性質を優遇することなしに、中心に立っている。

　人間と人間性の本質への問いに対してフリーメイソンは新しい理論によっても特別な人道主義的教訓に義務を負うことによっても反応しない。人間と人間中心主義のための教育はフリーメイソンの自己理解の中では特定の道徳教訓への信仰によってではなく、人間的なものとの個人的な経験によって生じる。このような方法で、人間中心主義は単なる思想であり続けることなく、実践となる。経験自体を介して本当の人間がどのようなものであるのか、どのようにして完全なものになり得るのか、教えられるというのである。人間中心主義への道は多様な変遷過程である。それは儀式において象徴の中でフリーメイソンの目の前にもたらされる。その際にフリーメイソンは重要な思想史の伝統によりどころを求めることができる。高尚な人間の実践としての人間中心主義はフリーメイソンをその作業との直接的な関係の中に置く。フリーメイソンは人間中心主義の概念を抽象的な要求からさらに具体的なプログラムにまで展開している。そのプログラムは、人間の人間に関する仕事の結果として自然に接する人間から生み出された。この要求を満たすことは、フリーメイソンの意味では開かれた使命である。人間が仕事を通じて人間の中の自然の力を作動させたいと考えることによって、人間中心主義の神殿はいわば実験室となるのである。

5. フリーメイソンの倫理

　古い世界宗教と信仰宗派は、極めて教条主義的であり、似たような倫理的価値観を持っていたにもかかわらず部分的に非融和的にみえる。フリーメイソンは宗教観から離れていかなる倫理も存在しえないという見解を支持している。そのような普遍妥当の結びつきは、宇宙の「偉大なる建築師」に象徴的に具現化され、同胞の倫理の基盤を形成する。これはいわば象徴の中にしか表現されない超越の非教条的で直観的で個人的な予感である。このような立場は、フリーメイソンにすべての個人的な信仰宗派とは独立して、世界観や宗教をめぐる分離的な論争に邪魔されない共同生活を保証する。カバラの宗教性はすでに非常に早くからフリーメイソンに受け入れられており、そこでは長い伝統を持っている。それはフリーメイソンの象徴解釈の手本を形作っただけでなく、今も昔も啓蒙的な理性信仰のための調整と補完でもある。

　フリーメイソンの普遍的な倫理は、宗教的思考から切り離されてはいない価値に基づいて形成されている。フリーメイソンは1つの人間像を所有している。それは最終的には参入儀礼という方法で超越に向かう倫理的目的の追求を要求する。フリーメイソンは人間とその本質やその決定に関する非常に明確な実践哲学を提供する。人間像の説明ではフリーメイソンはとりわけ人間の倫理的完成にかかわる側面に限られる。フリーメイソンの人類学はそれゆえ人間の倫理的な完成に限られ、それは、フリーメイソンの倫理的完成に基づく共通の価値観を保証するために、超越、すなわち宇宙の「偉大なる建築師」という観念で補完される。フリーメイソンの倫理は、儀礼の中に特に「修行倫理」としてはっきりと現れているが、フリーメイソン的価値を社会で実現するという観点でも、これは成果の倫理あるいは信条の倫理ではなく、責任の倫理なのである。これは同時代の人々や環境、後世の人々に対する具体的な責任およびグローバルな関係に思いをはせ、社会的人道的に行動するという要求を意味している。その際には、フリーメイソンが倫理的に行動する場合、非経済的に考えないことが考慮される。その責任の倫理は危機予防の倫理なのである。

　フリーメイソンの倫理には、しかしながら兄弟間の相互扶助義務の要請も属している。理想的規範は貧困状態に陥った兄弟への非利己的な援助活動を要求している。「営利メイソン活動」、すなわちフリーメイソンを経済的、社会的、さもなくば政治的な業務行為のために利用することは認められていない。「営利メイソン活動」に対する規範とフリーメイソンの「評判のよい紳士」としての自己理解は多くのフリーメイソンが相互扶助において規範的な限界を踏み越えることを防いでいる。さらにフリーメイソン組織自体が規範破りを自分たちの仲間内から排除するための組織的なメカニズムを持っていることが加わる。受け入れ方法も個人的な倫理が疑わしい利益追求者にチャンスをあまり与えない選別をおこなうように配慮している。フリーメイソンの倫理は、近代民主社会の正統な規範と激しく接触する場所で、この社会の規範との、特に教養層および管理エリート層の規範へかなり接近している。フリーメイソン組織は、その場で疑いなく先駆的役割を持っている。なぜならば、フリーメイソン組織は中央の倫理要請、すなわち寛容の中で最初から開かれた多元的民主主義社会の価値と博愛的な個人主義の価値を信奉しているからである。そのため、フリーメイソンは絶対的な真実を要求する「閉ざされた社会」の代表者たちと対立する。開かれた社会でのフリーメイソン組織の独自のイデオロギー化のた

めの強力な障害は、特に伝統的な儀礼の中にある。典礼上の象徴的な要素は秘儀と啓蒙で彩られている。フリーメイソン組織の集団としての倫理はこの典礼をあらゆる刷新の試みから守っている。このような時代に合っていない「閉鎖性」と社会的現実からの「乖離」の慣行なしでは、今日フリーメイソン組織は他の組織と混在する単なる一組織にすぎず、党派間で木っ端みじんとなっていたであろう。フリーメイソン組織の倫理には、その理想的規範の中で西欧の民主主義に極端に近づいている傾向が見られる。フリーメイソンは自分のことを儀礼の中で「世界の鎖」の個々の輪として見ており、すべての人間、社会的弱者にも自分たちの「普遍的人類愛」を注いでいる。

6. 寛容思想

　フリーメイソンは寛容概念の広がりに決定的に関与していた。すでに1723年の彼らの『旧き義務』の中にはこう書かれている。「メイソンは以前、昔と変わらずどの国でも当該国あるいはその国民の中で拘束力を持っていた宗教を信仰するように義務づけられていたが、今日では、すべての人間が同意できる宗教だけを彼らに義務づけ、個別の意見についてはメイソン各自にゆだねる方がより適切であると見なされている。すなわち、どのような宗派あるいは信念を持っているのかという点で異なっていようとも、彼らメイソンは善良で正直な人間、名誉と誠実さを兼ね備えた人間であるというのである。このようにしてフリーメイソンは団結の中心となり、（そうでなければ）永遠に離ればなれになっていたかもしれない人々の間に真の友情を作り出す手段となるのである」（Konstitutionen, 1723, Erste Pflicht『憲章』1723年、「第一義務」）。

　フリーメイソンの発展段階および歴史的な拡張の中ですでに寛容思想は政治的模範となっていた。絶頂はフリーメイソンが関与したアメリカとフランスの人権宣言であった。ここでは特にエクス＝アン＝プロヴァンスのロッジの兄弟たちが目立った活躍をしていた。18世紀のロッジの多様な活動の中で、組織内では兄弟として結ばれたあらゆる人間の同権が要求された。そういうわけで、今日寛容の原理がフリーメイソン内部での意味でラテン語の動詞tolerare（耐える、我慢する）よりもはるかに多くのこと、すなわち理解の改善によって自分と異なる思想の持ち主に対して尊重の念を持つという意味を含み、多くのフリーメイソンの儀礼の中で言及されていることは驚くに値しない。それに従い、フリーメイソンの目的は絶対的な良心の自由である。メンバーの間で他人の信念を尊重することは彼らの根本的な使命となっている。他人の世界観や宗教を尊重するというこの寛容は、今日でもなおフリーメイソンの基盤である。もっともそれは19、20世紀の時の流れの中で時折理想像からかけ離れてしまうこともあった。ここではたとえばユダヤの入会許可にまつわる争い、いくつかのドイツの大ロッジのナチズムへのすり寄りが想起されるだろう。第二次世界大戦後にこの問題をはらんだ過去の展開を批判的に再検証することに成功したことは、確実に寛容思想の現れであった。仮に今日いまだに正規性と非正規性の問題における意見の相違がフリーメイソンの中で、また異なるシステムの間に存在するとしても、これはとりわけ組織的な性格のものであり、その土台にはほとんど触れることのない寛容の争いである。

　寛容原理はフリーメイソンの儀礼の中で決定的な基盤である。たとえば、ヨハネのフリーメイソン[4]

における第一位階と第二位階の儀礼は、様々な二項対立の中で象徴として明示される両極性を明らかにしている。このことは個々のフリーメイソンにとって、儀礼の作用によって、他者という他の存在の中に自分と対立する何かを見るのではなく、現象や思想の多様性の中に人生の豊かさの根拠があるのだということを理解する一人の人間に成長すべきであることを意味している。したがって寛容は自由と平等の基盤をも形成しているのである。

7. フリーメイソン、錬金術、秘教

フリーメイソンには伝統的な方法でヘルメス学（錬金術）のシステムが存在している。ヘルメス学は18世紀のフランスに限らずそれが錬金術であることを公言していた。ヘルメス・トリスメギストス[5]にちなんで名付けられたヘルメス的儀礼は、アヴィニョンのペルネティによって1770年に樹立された。

フリーメイソンの秘儀と錬金術；フリーメイソンの秘儀と看做されるものの大部分は、秘法と錬金術にその根拠を置いている。その秘法はエジプトの知の神にまで遡る秘密の知であり、精神的深化を助け、広く深い知に達することを援けるとされた。秘法の書のほとんどは、ギリシャ古典学派の書に依拠して書かれているが、最も重要な原理は錬金術から導き出されている。錬金術は物質の変化ないし純化をはかることを目的とするが、同時に人間の純化の教えでもあるとみなされた。それはフリーメイソンにおいては自己の完成、純化と結びつけられた。

後に医師ボアローが大親方としてこの儀礼を名付けた。その最高機関は「コンタ・ヴェネッサン[6]のスコットランド式グランドロッジ」という名前を受け入れた。後にこのシステムは「哲学的なスコットランド式儀礼」へと作り替えられた。比較的新しいシステムであるミスライム[7]とメンフィス[8]の中でも、ヘルメス学は重要な役割を果たしている。

ヘルメス学の再生はヨーロッパのルネッサンス期におこなわれた。とりわけ小さなサークルや卓越した個人が秘密の知識を育み、使命を授かった者に伝授した。そういうわけで近世にはこのような知識を追い求めた様々な信心会、秘密集会、知識人の協会が生み出された。たとえばフィレンツェの新プラトン主義アカデミーのように、大学から離れたアカデミーも生じた。

コンスタンティノープルの陥落後、この運動は、多くの教養人が西側に素晴らしい蔵書を携えてやってきたおかげで、さらに強まった。こうした協会の目的は包括的で深い洞察を得ることにあった。1460年頃に東方教会の修道士によってある手稿が古代の「ヘルメス選書」に由来する書物と共に手に入った。この記録文書が高い評価を受けた結果、フィチーノ[9]は、ヘルメス・トリスメギストスの書を正確に研究するために、自分のプラトン=写本をしまいこんでしまった。このような関心はカバラ神秘学への深化によってさらに強められた。さらなる翻訳や印刷によって「ヘルメス選書」はヨーロッパ全体に広がった。そういうわけで近世に錬金術並びに一般的な哲学・神学思想と共にヘルメス的・新プラトン的な思想のネットワーク化が生じた。後にこの思想が薔薇十字運動[10]やフリーメイソン運動へのきっかけにもなったことは偶然ではない。イングランドでは、ここで何をおいてもとりわけヘルメス学思想家ロバート・フラッド[11]の名前を挙げられよう。彼は周囲の人々の間で薔薇十字団の『名声』の手本となるような仕事をおこなった。プラハに居城をおいた皇帝ルードルフ２世もヘルメス学者を含む知識人を自分の周囲に集め、王都プラハを秘教の中心地にしてしまった。ヘルメス学は錬金術を特に強くフリーメイソンの中に持ち込んだ薔薇十字団の中で発達した。そこでは啓蒙の時代である18世紀でもなお、錬金術がフリーメイソン団の発展の重要な道筋を描いていた。

ヘルメス学という概念はしばしば錬金術の同義語として使われ、広義で秘密結社を意味している。ヘルメス文書の重要なテキストはギリシア哲学思想から、特にプラトン主義、新プラトン主義、ストア主義の思想から構成される。その際にはペルシア・バビロンの宗教やユダヤ教の要素も付け加わり、それ故グノーシス[12]の典型的作品を具現していた。テクストは、自然ならびに創造とその変化と人間との関係を扱っていたので、すでに中世、それから特にルネサンス期において自然に関する熟慮のための重要な基盤となった。錬金術の理論の中核にはヘルメス哲学の基盤と見なされる７つの原理が存在する。それは今日でもなお、西洋的に指向される秘教において重要な役割を担い続けている。このヘルメス学原理の背後にはヨーロッパの芸術と学問に大きな影響を与えていた宇宙論がある。７つの原理は以下のようにまとめられる。

1. 精神性(「すべては精神である、宇宙は精神的なものである」)。
2. 対応関係(「上に対する下、下に対する上」)。
3. 振動(「静的なものは存在しない、すべては動き、すべては振動する」)。
4. 二元性(「すべては二重、すべては２つの極をもつ、すべては対照的なペアをもつ、同一と不同は同じもの」)。
5. リズム(「すべては流出し、流入する、すべては干満をもつ。すべてのものは上昇し、落下する、振り子の振動はすべてのものの中に現れる」)。

6. 原因と結果(「どの原因も結果を持つ、どの結果も原因を持つ、すべては法則通りに起こっている」)。
7. 性別(「性別はすべてのなかにある、すべては男性原理と女性原理を持つ、性別はあらゆるレベルで姿を現す」)。

(Helmut Gebelein, Alchemie,『錬金術』41ページ以下)

　フリーメイソンのヘルメス的伝統の中にも強く適用された錬金術活動の目的は、卑金属類を完璧な黄金に変化させることができる特質を持つ賢者の石あるいは哲学者の石の生成であった。この先例は象徴的にフリーメイソンの中で兄弟の完全化、「原石」の加工という中心的な基本思想に転用された。

　フリーメイソンにおいて、より強力に合理主義的で公教的な発展系譜に共に影響を与えた啓蒙主義とならんで、「秘教」も今日まで重要な役割を担っていた。この単語はギリシア語に由来し、語義的には、公教的という概念が「外へ向けた」を意味するのに対して、「内部へ向けた」を意味している。秘教という概念で部外者にはわからない「内部の者」や「聖別されたもの」の儀礼や慣習が内包されている。フリーメイソンにおいては秘教をとりわけ隠れた認識の探求という意味に理解している。すでに述べたようにルネサンスの秘教的伝統はヘルメス主義として特別な意味を獲得した。秘教的な集団は確かに今日激しく分裂している。それにもかかわらず、精密な自然科学による啓蒙の物質概念に精神の概念と実情を対置させようとする努力は彼らに共通するところである。機械的で弁証法的な唯物論の代わりに、秘術を伝承されたものの魔法のあるいは客観的な理想主義が現れるという。フリーメイソン的な意味で秘教は哲学ではなく、はるかに強く実践として理解される。それはしかし、ここで少し言及したように哲学的な命題を前提としている。それは100年来実践的な秘密の知識と理解されている。

8. フリーメイソンと啓蒙

　フリーメイソン的意味での啓蒙は、決して完結することのない使命として、また思考原理として理解される。このような「再帰的な」啓蒙は自由な思考による「自己実現」であるが、自己啓蒙を妨げている精神的な障害および実際上の障害を取り除くという意味では物事の究明でもある。啓蒙は「自己実現の思考」としては思い上がりの権威と偏見に抵抗し、標準思考としては誤謬、不合理、迷信、また絶対視、イデオロギー、教義、絶対的な真実に対抗する。フリーメイソンは努力を重ね、18世紀の歴史的な啓蒙を出発点とし、その後の啓蒙過程を反省し、近

フリードリヒ2世(大王)

ヴォルテール

ゲーテ

啓蒙主義者たちとフリーメイソン；フリーメイソンと啓蒙主義者とは、ドイツではほぼ同義語であるといってよいであろう。フリードリヒ2世は皇太子時代にフリーメイソンに加わり、自らロッジを指導し、その後のプロイセンのフリーメイソンの発展に寄与した。サンスーシー宮殿にはヴォルテールを呼び何年にもわたって議論し、宗教嫌いのヴォルテールもその死の直前にフリーメイソンに参加したとされる。ゲーテは政治に近づきむしろバイエルンのイルミナーテンに参画することになる。その他多くの啓蒙主義者がフリーメイソンに加わっている。

代合理主義をポストモダン的に批判する言説の中で新しい啓蒙について多様な理解に到達しようとしたが、そうした努力の中で、啓蒙や合理性と並んで感情の判断力も相応に顧みる思考の契機はメイソンの見地から近代の認識理論に対置されうるものである。

　啓蒙のアクチュアリティの存続は、持続的な啓蒙の需要と必要から生じる。それは常に新しくはびこる疑似真実に打ち勝ち、イデオロギー批判的に働きかける努力である。もっとも、フリーメイソン運動の思考モデルとしての啓蒙は、自分自身についての啓蒙をおろそかにすることは許されない。それを許すと、それは疑似啓蒙あるいはイデオロギーへと堕落し、自滅してしまうからである。フリーメイソン運動のこの強力な翼は、時々誤解や秘教的伝統やヘルメス主義的伝統に反対する画一的な啓蒙のイメージによって、批判的再帰的啓蒙あるいは啓蒙を超えた啓蒙という意味で、啓蒙をフリーメイソンの思考モデルとしてさらに発展させようと努力している。

　我々の時代のますます多くの人々が、今日現代文化の生活様式、国家、経済、学問を、そうしたものが啓蒙主義以来ヨーロッパでどのように形成されてきたか、根底から問題視している。そういうわけで、まさにヨーロッパ文化の中核となる国々で、近代の法治国家や立憲国家を、私有財産性に基づく市場経済を、近代学問を、その合理的な問題解決と共に

克服したいという精神的潮流が強まっている。ポストモダンの時代は、合理性を好むヨーロッパ近代よりも人間の幸福願望に合致しているはずである。我々の時代の少なくない批判的な人々にとって、近代の啓蒙主義的楽観主義、科学技術の進歩、確信的な実現可能性から生み出された製品はある種の「終末」に陥っている。20世紀末に近現代の根本的な問題に対する「後付けという意識」が強調される文化的な前衛精神は「ポストモダン」という概念でまとめられる。啓蒙から近代産業社会にいたるまでのほとんどすべての近代と近代合理主義の成果を理解するために、ポストモダンの代表者は批判を特に近代の遺産に集中させている。

このような部分的には正しい近代合理主義と啓蒙主義に対する攻撃にもかかわらず、「近代未完のプロジェクト」（ユルゲン・ハーバーマス）は有意義なものとしてさらに推進されている。それに加えて歴史的啓蒙の根本的な重要性に取り組み、その基盤を重視することは意味のあることである。

18世紀は今日「啓蒙の時代」と呼ばれる。この名称は自ら啓蒙を自称してきた精神的かつ社会的な改革運動の自己理解にさかのぼる。18世紀半ばくらいから啓蒙の成果に基づいて「啓蒙された時代」について話題にするようになる。その後、カントは比較的はっきりと「啓蒙化された時代」と「啓蒙の時代」を区別していた。

18世紀には一連の重要な改革運動が存在した。正確にいえば、改革者として自分を理解していた数多くの人間がいた。彼らは刷新と変革に邁進し、同時に啓蒙主義者を自任し、実践的な変革を精神的な変化によって達成したいと考えていたからである。とりわけ啓蒙がまず「悟性の改善」あるいはあらゆる分野における理性の促進のための意識的反省的行動、さらには計画的な行動と理解される。この目的のためには、偏見と迷信、熱狂と狂信と戦うべきであり、支配的な無分別を可能な限り根絶すべきであると考えられる。啓蒙は「理性への希望」を頼りに生きてきた。そう、啓蒙は理性への意志であった。現実は啓蒙の見解によれば無分別であるが、理性的なものになり得るし、なるべきものである。理性の支配に対して道徳並びに幸福と自由の改善も期待されてきた。幸福で自由な人々が生活できるように、悟性と徳が世界を支配する。このような望みは確かに新しいものではないが、その望みが現れた形と社会参加は啓蒙の時代を他の時代から明白に際立たせている。もっともメイソン的観点からすれば今日緊急に必要なことは、歴史的啓蒙の不可欠な基盤を批判的に発展させる「新しい」「再帰的な」啓蒙の構想を練ることである。

グローバルな脅威と近代産業社会の危機に直面して、特に今日では「社会的文化的な近代の理性的な態度」で示すことができる安全保障が重要であるので、批判的な啓蒙という意味で努力を続け、理性と支配、権力と主体性についての解きほぐせない交差への洞察から理性的解放の実現に従事する必要があるだろう。啓蒙は一方的な説明や極端にエゴイスティックな個人主義に基づいて、また19・20世紀初頭の政治イデオロギーによって寛大な解放計画を育み、部分的には反対にだめにしてきた。今日「人間」と技術的進歩がますます別々に進んでいっているように見えるにもかかわらず、啓蒙が大きな成功を目的としてきたことは確かである。今も昔も啓蒙では批判的な認識と理性の伝播を妨げる障害を道から取り除くことが重要なのである。「新しい」「再帰的な」啓蒙はこのプロジェクトの失敗の系譜と限界を認識し、それ故修正しながらさらに介入することができる。

訳者註解

1) **第三位階**；フリーメイソンの三位階（徒弟、職人、親方）の親方のことを指す。

2) **ヒラムの伝説**；フリーメイソンにおけるヒラムの伝説は、旧約聖書の列王記および歴代誌に登場する職人頭ヒラムの話から借用されたものである。ダヴィデ王が亡くなった際に、ティルス王ヒラムはソロモン王に哀悼の意を表して使者を送った。彼はダヴィデ王を弔う神殿の建築資材をソロモン王に送り、その代償に小麦と油をソロモン王から受け取った。ソロモン王は神殿建設のために金、銀、青銅、鉄、真紅と黄色の絹織物を扱う熟練した職人をティルス王に求め、ティルス王はそれに応えて熟練した職人頭のヒラムを派遣した。

ヒラムの最後には諸説が伝わっている。フリーメイソンの伝説では、このヒラムは技の秘密を狙う3人の悪い職人によって殺害され、ソロモン王により遺体が発見された。第三位階の親方への昇級儀礼はこの伝説に基づいて行われる。

3) **五芒星と六芒星**；五芒星はソロモン王が神殿の礎石にそれを用いたことから、ソロモンの印章と関連づけられ、多くのフリーメイソンの象徴として描かれている。六芒星はしばしば錬金術やカバラ、天文学で炎と水の合一から生じるカオスを象徴する魔法のシンボルとして用いられていた。

4) **ヨハネのフリーメイソン**；〔序文註1)〕を見よ。

5) **ヘルメス・トリスメギストス**；「三重に偉大なヘルメス」とは、ギリシア神話に登場する商業、工業、学術、雄弁、発明、競技、賭博、牧羊を司る神ヘルメスと古代エジプトの月神トートが融合して生まれた神格である。ヘルメスは全世界の均等な秩序を代表し、あらゆる地上の法の守護神となっている。彼は錬金術と魔術の発明者でもあり、そこからヘルメス学という名称は錬金術を指すようになった。

6) **コンタ・ヴェネッサン**；ヴェネッサン伯領、アヴィニョン市周辺の南仏の地域名。

7) **ミスライム**；1800年代終わり頃にイタリアで誕生し、その後、フランスで広がった90からなる位階制度。その後、イギリスやアメリカにも伝播した。最終的に1908年にメンフィス儀礼と合併し、メンフィスとミスライムの古式始原儀礼となった。

8) **メンフィス**；カイロの南、ナイル川左岸の古代都市の名に由来する。このメンフィス儀礼は「エジプト儀礼」とも呼ばれることもある高位位階システムである。ミスライム儀礼に対する対抗システムとして成立した。「メンフィスの東方フリーメイソン団」を名乗り、1814年にカイロ出身のザミュエル・ホニスという冒険家によってフランスで宣伝され、1815年に「メンフィスの規律」というロッジが創設されたが、これは1年もたずに廃れてしまった。1838年に再びパリで大ロッジ「オシリス」が設立された。この新しいメンフィス儀礼は95の位階を持ち、東方神秘主義に強い影響を受けていた。1860年代にはフランス大東社に編入され、アメリカやイギリスにも広がっていたが、その後、1908年にミスライム儀礼と合併。

9) **マルシリオ・フィチーノ Marsilius Ficino（1433~1499）**；イタリア・ルネサンスを代表する哲学者の一人。様々な哲学、宗教、文学の伝統から導き出された要素を結びあわせた。ヘルメス文書の翻訳や占星術の研究も行った。

10) **薔薇十字運動**；〔第3章5を参照。〕

11) **ロバート・フラッド Robert Fludd（1574~1637）**；イギリスの哲学者。ロンドンで医者としてパラケルスス派の幻想的な自然哲学や神智学やニコラウス・フォン・クサの思想をイングランドへもたらした。薔薇十字団の擁護者でもあり、多くの著作をそのために捧げた。

12) **グノーシス**；グノーシスとは特に新プラトン主義に近接する2、3世紀に広まった精神的潮流の1つ。一種の秘教的宗教の教えである。もともとはギリシア語で「知識」、「認識」を意味し、宗教学ではグノーシスによって救済を得る宗教思想を指す。グノーシスの中ではオリエントやギリシアの神話、プラトンやストア派の哲学、神智学が絡み合っている。異端的なグノーシス主義者はキリスト教の教義をグノーシスと一致させようとして正統教会と対立した〔第1章註4)も見よ〕。

第3章

憲章、組織構造、方針

1. 旧き義務

　イギリスの古代フリーメイソンの義務と規則はもともと非常に手厚く保管されていたので、ほとんど外部に知られてこなかった。1723年にジェイムズ・アンダーソンが初めて憲章典の中で「古代」フリーメイソンが書面と口頭で伝えてきた内容を公表した。それ以来、アンダーソンが利用した古文書のほとんどは発見された。1723年の憲章、『旧き義務』は今も昔もフリーメイソンの基盤である。この憲章はフリーメイソンの義務を含んでいる。それは「ロンドンのロッジで新入会員の受け入れや親方が命令した場合に読みあげるために海外とイギリス、スコットランド、アイルランドのロッジの古い文書から引用された」。

　その要点は次のようなものである。

1. 神と宗教について
2. 市民的支配機関、最高責任者、部下について
3. ロッジについて
4. 親方、監督者、職人、徒弟について
5. 仕事におけるツンフトの統治
6. 行動について

　これら個々の点については、フリーメイソン個々人に義務づけられている正確な規定や説明が与えられている。これらの規定の歴史的制約にもかかわらず、それは個々のフリーメイソンおよび一般的なフリーメイソンにとっての基盤を形成している。『旧き義務』の第二稿は1738年に出版され、そこから全兄弟の根源的な平等を抑制する展開がすでにはっきりと読みとれる。この義務と徳目のカタログは旧き伝統を新しいものと結びつけようと試みている。最初の大ロッジが1717年に設立される前にすでに、イギリスでは「思弁的フリーメイソン」[1])の

アンダーソン『旧き義務』　フリーメイソンの組織の起源はイギリスに求められ、その最初の憲章は、1723年にジェームス・アンダーソンによって『旧き義務』にまとめられ、その後の各地のフリーメイソン憲章の基準となり、「フリーメイソンのバイブル」とされている（アンダーソンについては序文註3) 参照）。

ロッジが存在していた。これらのロッジは17世紀に実際の石工組合から生み出されていた。彼らは当初まだ比較的古い職人組合の秩序を維持していた。新しい大ロッジは最初独自の憲章を持っていなかったが、1721年に当時の大親方、モンターギュ公爵とロッジが、旧いゴシックの憲章の写しに異議を唱えたので、ジェイムズ・アンダーソンがそれを新しく改善するように依頼を受けた。『旧き義務』の章立ては伝統的に踏襲され、典型的な三部構成を示している。すなわち、宗教規則、一般規則、職人組合規則である。

第一の義務の定式化は、啓蒙的な傾向を持っている。というのはそれは宗教をもはや神が設けた規範によらない内面世界の徳目カタログと解釈し直していたからである。この徳目カタログの最も重要な部分は善意、誠実さ、名誉、礼儀、そして友情である。第二の義務の中では徳目として自由を愛する心、国家への忠誠、兄弟同士の友情が中心となっている。残りすべての義務はこの徳目の上に成り立っており、内部のロッジ組織および職人組合の義務という特別な視点でこれを解説している。

すでに少し触れたように、同じくアンダーソンに由来する1738年の第二版では複数の編集上の改変がおこなわれた。その理由は、貴族を迎え入れ、組織を引き締め、その間に受け入れられた三位階システムを顧慮し、その区分をはっきりとさせなければならなかったからである。内容的な改変は第一の義務の新しい定式化の中にみられる。すなわち、過去においては、キリスト者のみがメイソンになれるとされていた。これは初期フリーメイソンのキリスト教的な性格に関する議論を容認するものと解釈することができる。『旧き義務』は、その倫理的なイメージがそこに還元されているために、今日のフリーメイソンにとっても非常に重要なものである。しかし、宗教や国家、政治、社会とフリーメイソンとの関係ならびに実際のロッジ生活にとっても、『旧き義務』は本質的な基盤を形成している。

2. 義務概念の変化

フリーメイソンの義務概念は1723年のジェイムズ・アンダーソンの『旧き義務』に厳密に沿ったものである。同じくアンダーソンによって起草された1738年の第二版が、複数の編集上の改変を示していることはすでに指摘されている。最初の大ロッジでいくつかの儀礼の変更がおこなわれたために、1751年にイギリスで新たな別の大ロッジ「古代」が形成された。儀礼の変更でさらに、その間に広められた暴露本からフリーメイソン以外の者が情報を入手することを防がねばならなかった。新しい大ロッジの目には「近代（Moderns）」の方向性が宗教を欠きすぎており、また保守的であると映っていたことが、確実に新しい大ロッジ創設の主要な要因の1つであった。この新しい大ロッジは、独自の憲章典を持っており、それはローレンス・ダーモット[2]によって起草され、1756年の初版から1813年の9版に至るまで本質的な点で改変は加えられていない。『旧き義務』のテクストは1738年の近代の稿本に合致していた。「近代」はこれを1756年以降再び廃棄した。重要な変更は第一には『旧き義務』のテクストではなく、その公式解釈であった。そういうわけで序言には、メイソンは「永遠の神の真の崇拝を信じ、あらゆる高位高官の人や教皇たちがすべての信仰厚き人間のためにまとめ、公にしてきた神聖な記録文書を堅く信ずることを」義務づけられていると書かれている。（London 1756, S.14）テキスト

の中では、新しく受け入れられたフリーメイソンに対する短いスピーチが続いている。「メイソンには常に心に留めておかなければならない３つの主要な義務がある。すなわち、神に対する義務、私たちの隣人に対する義務、そして私たち自身に対する義務です。神に対しては、神の創造物が創造主に対して示すべき崇拝的畏敬の念なしにその名にふれないことによって、創造主を常に最高善と見なすこと、創造主に対して我々が生まれたことに対し喜びを示すこと、我々すべての行動をこの見方にあわせること……」と。

このような解説で「古代」のフリーメイソンに関してはイギリス国教会・高教会の特徴が紛れ込んでいた。1779年にロンドンのヘレドン[3]の大ロッジの一般規約の中には、この宗教的結びつきの問題が、ほんのついでではあるけれども言及されていた。「唯一無二で、名誉と地位、よき評判を持っている紳士しか許されない。詐欺師や嘘つき、最高存在を認めない人間、間違った証人、卑劣な享楽家、さらに名誉なき悪徳にまみれたものはすべて死者の数に入れて数えられるべきである」。(F. L. Schröder, Ritualsammlung, Bd.19, Rudolstadt ca. 1805,『儀式書』52頁以下）ここでは兄弟に対する普遍的な倫理要求が示されている。「古代」との競争によって、「近代」は圧力にさらされた。「近代」は確かに自分たちの憲章の中でリベラルであり続けていたが、ロイヤル・アーチ[4]の問題では譲歩しなければならなかった。1813年に彼らは、両大ロッジの統合について「古代」と交渉した。それは今や「イングランドの古代フリーメイソンの統合大ロッジ」と称することになった。

この新しい統合大ロッジの憲章典は1819年に発効した。この憲章典で定式化された第一の義務は今日まで変更されることなく続いている。「メイソンは自分の職業義務によって道徳法規に従うことが義務づけられている。仮にメイソンが芸術を正しく理解しているならば、ばかげた無神論者あるいは不信心な自由思想家（ないしは、放蕩者）になることは決してないだろう。メイソンはあらゆる人間の中で、神は人が見るようには見ないことを最もよく理解している。なぜなら人は外側の見かけを見るが、神は心の中をのぞき込むからである。メイソンはそれゆえ、特に一度も良心の規則に反して行動しないよう義務づけられている。ある人が自分の望む宗教あるいは神への崇拝方法に属していても、彼が崇高な天地の建築家を信じ、道徳の神聖な義務を遂行する場合、彼はフリーメイソンから閉め出されることはない。メイソンは堅く心地よい兄弟愛の絆の中で、どんな信念を持っている有徳の人とも手を結んだ。彼らは、人類の誤謬を思いやりを持って眺め、自分の行為の純粋さによって自分の信ずる信仰の、より高度な利点を証明しようと努力することを教えられる。そういうわけで、フリーメイソンは善人と信頼できる人々の間の統一点であり、ふだんは距離をおき続けていかねばならない者たちの間で友情を結びつける幸福な手段である」（Allgemeines Handbuch der Freimaurerei, Bd. 2, Leipzig 1901,『フリーメイソン一般手引書』154頁）。この稿本の中で「古代」は個人的な神の原則を貫くことができていた。「近代」はリベラルなポジションを教父の書物の拘束力を消し去ることができるという限定的な意味でしか認めることができなかったので、イギリスのフリーメイソンは非キリスト教徒にも開放され続けていた。このテクストはしかしながら1723年に決められた諸原則からの明白な方向転換を意味している。徳目と義務のカタログが外部構造の中で、1723年に作成されたとおりに、形式的に変わらずにあり続けたとしても、今やそのようなカタログの必要性に対する内部の理由づけは変わってしまった。

19世紀後半におけるフランス大東社との対決の中で、イギリスの大ロッジはフリーメイソンに関する

教義を展開させた。1929年に「基本原則」の中でその国際的な影響を見ることができる。この時点からイギリスの見解によると、神および啓示された神の意志を信じ、また聖なる法典を超越的な啓示として信じる者しかフリーメイソンになることができない。この規則でイギリスのフリーメイソンから自然法的・啓蒙的な性質が取り除かれてしまった。イギリスのフリーメイソン自らが「フリーメイソンの教義」と呼んだ価値体系がそうした性質の代わりになった。ドイツでは18世紀にイギリスと似たような分裂があった。それに加えてさらに多くの内容的な変化が現れた。たとえばプロイセン王国では3つの大ロッジが設立され、それぞれがフリーメイソンの異なる儀礼方法を示した。

　ドイツにおけるイギリス風の憲章典の最古の稿本は18世紀前半にまでさかのぼる。もちろん1738年のイギリスの稿本は比較的多くの成功を収め、「新しい」あるいは「改善された憲章典」として書籍商上の成功を残すことができた。1784年までは、印刷された二つ目のイギリスの憲章典は、興味を持ったドイツ在住の兄弟なら誰でも手に入れることができ、フリーメイソンの立法の外的な枠組みを定めていたという前提から出発できる。厳守派の基本原則は少なくとも彼らの義務戒律のなかで非教義的であったし、明らかに博愛的であった。その結果、フリードリヒ・ルートヴィヒ・シュレーダー[5]はハンブルクのスコットランド・ロッジのほとんど同一のテキスト（史料情報なし）をハンブルクの地方大ロッジの法典にほぼ改変せずに受け入れた。厳守派の崩壊後、国民・大母ロッジ[6]「三つの地球」は1783年に独立を宣言した。この大ロッジはヴィルヘルムスバードのフリーメイソン大会議の決議を拒否し、古いイギリスの三位階に賛成を表明した。同時にキリスト教の原理も受容し、高位階を維持した。このようなメンバーをキリスト教徒に限定する規定は、この大ロッジにおいて比較的古い根っこに由来していた。ロッジの三つの地球儀からの分離から続いて大母ロッジ「友情のためのロイヤル・ヨーク」が設立された。これは後に四つの個別ロッジに分裂した。1797年にこのロッジは、設立後に基本契約あるいは「基本憲章」を設けた。その中でフリーメイソンの基本的な目標として次のことが言及された。「母ロッジ、友情のためのロイヤル・ヨークは一般的に広く認められる意味での慈善活動を唯一、真の、純粋な、認められたフリーメイソンの基本的目標として認めている」（Thomas Richert, Die Entwicklung des Pflichtenbegriffs,『義務概念の発展』235頁）。このような叙述は啓蒙運動の伝統に位置づけられる。

　ここに言及された義務の変化の例から、中心部の議論は宗教の変化に取り組んでいたことがわかる。政治的な配慮がますます普及していった結果、王権への忠誠は時々、兄弟相互の忠誠よりも重みを持っていた。保守的な立場が19世紀に大ロッジを捉えていたことは、創立期における統合の試みの際に特に明らかになった。1872年におこなわれたドイツ・大ロッジ同盟設立の前哨戦では、1870年にフリーメイソンの普遍的原則が宣言された。その中の第一章では次のように書かれている。「フリーメイソンは、たいてい石工組合に統合された職業石工の慣習を借用した形で、人間の道徳的な精錬と人間の幸福を総じて促進することを目標としている。フリーメイソンがそのメンバーに対して世界の最高建築家としての神、高度な道徳的世界秩序そして魂の不死への信仰を前提とすることによって、最高の道徳律を要請する。」（C. Wiebe, Die Große Loge von Hamburg und ihre Vorläufer, Hamburg 1905, Anlage XVI『ハンブルクの大ロッジとその前身』）。1945年にドイツのフリーメイソンが新しい構造で出発した時、1723年の『旧き義務』は今や新たに根源的な指針となった。これは1946年、1947年、1966年、1976年、1983年の版も証

明している。大ロッジAFAM[7]のフリーメイソン規則の前文でそれはこの大ロッジの自由と博愛の伝統を基盤とするために宣言されていた。1800年頃の博愛的なドイツの大ロッジの兄弟たちへの倫理的な要求が今日の状況と比較されるならば、すでにほとんど拘束力がなくなってしまった最小限の合意へと萎縮していく過程が現れてくるのである。

3. 正規性と非正規性

　正規性はフリーメイソンのシステムの内部で中心概念となっている。何がフリーメイソンの規則に合致するのかが規定によって詳しく叙述されている。それはフリーメイソンの憲章と儀礼にさかのぼる。フリーメイソンの正規性に関する規定は、最初から実践的メイソンの古代ロッジの方法としきたりを思弁的な形態のために維持するという重要な機能を持っていた。フリーメイソン活動の方法を規定した1723年の『旧き義務』は、このような観点から再び言及されうるものである。その徒弟教理問答の中でこの活動のシステムが叙述されている。「フリーメイソンは道徳の独特のシステムであり、それはアレゴリーの中に満たされ、象徴によって表現される」。近代フリーメイソンの使命と方法は、このような説明から明らかに察知されうるものである。使命は道徳を促進するという精神的な目標とかかわっており、この目標を達成するための方法が儀礼的象徴的な行為である。精神的なものと方法的なものという2つの規定は古き作業ロッジと石工組合の慣習に由来するものであった。最も重要な基盤は憲章の手稿並びに教理問答の手稿が形成しており、かつての石工組合規則の4つの本質的な部分を含んでいた。

1. 神に対する義務の一覧表
2. 発生にまつわるいわば歴史的な叙述あるいは伝説
3. 親方と職人の義務の編成表

4. 短い終わりの祈祷文

　石工組合のさらに重要な基盤は、いわゆる相互理解という目標のために伝えられた「メイソンの言葉」であった。この特定の道徳、普遍的道徳律を満たすことへの普遍的要求は、この関連で人生という現実において、神の偉大なる設計図を義務の儀礼的枠組みの中で探索することである。このしきたりという形で倫理的な意識から義務目録の道徳的な深化が始まった。またそこから最初の儀礼が生じ、それは最終的に最初の大ロッジの設立と1723年の『旧き義務』でもって近代フリーメイソンを誕生させた。『旧き義務』39条ではじめて「古き陸標」[8]に注意を払うように指示された。この規定によって、すべてのロッジ設立が正規の大ロッジの許可書を必要とするよう定められていた。その背後には、フリーメイソンの目標と作業の形をシステムに反する改変から守り、ロッジ活動をイデオロギーや教義から自由にできるようにする意図が隠れている。

　フリーメイソンの他の国々への拡散と構造的な諸変化は結びついていたために、その結果、根源的な修行システムは分裂し、その根源的な方法は変形していった。正規であるように命令する絶え間ない努力は、これを背景に理解されなければならない。1920年にイギリスの大ロッジは、服従のためにフリーメイソンの目的と関係を特に内規に相当する1つの書物の中で公開した。また対外的な規定のために1929年に「基本原則」と名付けられたテクスト

が編集され、同じ年のうちに原則として受け入れられた。この原則は、イギリスの大ロッジによる認可を求める場合、ロッジの正規性を判断する前提として通用する規定を含んでいた。1939年と1949年の「同業組合の目的と関係」と「基本原則」の改訂版は「イギリス憲章典の統合大ロッジ」が始まって以来、存在し続けている。「基本原則」の最終版は1989年に公刊された。それは今のところ「基本原則」の意味で正規なものであり、イギリスの大ロッジに認可を求めたいと考えているすべての大ロッジにとって重要なものである。しかし、大ロッジの正規性の確定は結果としてほかの大ロッジによる承認を絶対に伴うわけではない。なぜならば、彼らにとって正規の規則など存在しないからである。正規性を守るために目下、1989年の「基本原則」の中で確定された以下の8つのテーゼが認められている。

1. 合法的な設置の原理が由来を保証し、正式なものである。
2. 象徴的な位階に関する大ロッジの主権がいわゆる高位位階あるいは地方のほかの大ロッジに対する区別を規定している。
3. 女性の排除がフリーメイソン特有の伝統に由来し、フリーメイソン特有の経験に根ざしている。
4. 至高の存在への信仰の要求は1723年の『旧き義務』第1条に由来する宗教的寛容への要求を概念的に書き換えたものである。
5. メイソンの3つの大きな明かり、聖典、直角定規およびコンパスに対するメイソンの義務づけは儀礼活動の象徴体系、すなわち超越、倫理、兄弟愛の中で意味を持っている。
6. 宗教と政治に関するロッジ内での議論の禁止はロッジ内の平和維持のための予防措置である。
7. いわゆる「旧き陸標」の原則を維持するという義務が、思弁的メイソンの慣習および1717年の最初の大ロッジの儀礼並びに憲章と関連づけられている。

この7点はまず3つの実務的規定から構成され、それは4つの観念的な、解釈可能な条項で補足されている。陸標の根底には人間の義務への洞察の前提と見なされる3つの人類学的原理が置かれている。

1. 人間は経験能力と想起能力から時間を超越した経験知をもっている。
2. 人間は思考能力による限定された認識知をもっている。
3. 人間は自らに与えられた理性による分別をもっている。

このような性質はフリーメイソン運動の本来の基盤を形成し、それは人類の精神的な神殿建設のための礎である。この原理に一致しないすべてのロッジと同様な団体や組織は非正規なものであり、それゆえ所轄の大ロッジに公式に認められることはない。

アンダーソン憲章の中では、女性はフリーメイソン結社に入会できない。その点を多くの大ロッジおよびロッジは今日でも守っている。もっとも18世紀にはそれに反対して、大ロッジによって認可されるか、個別のロッジに編入されるかして「養子ロッジ」が発生した。1882年に積極的に参加したフェミニストの女性が女性ロッジに受け入れられた。彼女はそれからある一人の男性と一緒に「男女混合フリーメイソン」大ロッジ「人間の権利」を設立した。このロッジは、女性と男性を受け入れ、フランスから多くの国々へと広がった。20世紀には女性ロッジおよび女性大ロッジが発足した。アメリカ合衆国では（ヨーロッパの支部と一緒に）「東方の星」のような女性フリーメイソン構成員のための権利を留保した組織が生まれた。

フリーメイソンでは「システム、修行方法、儀礼」という概念がほとんど同義語的に使われている。これはフリーメイソンの活動実践によって正当化されるだろう。それにもかかわらず、これらの概念の間にははっきりとわかる違いが存在している。フリーメイソンの思想的所産は観念からなっており、すべての理論的知識を教育によって伝達させている。しかし儀礼は実行、すなわち儀礼的活動でしか経験され得ないものである。参入儀礼は自己形成および自己の完成に資するものである。

フリーメイソンの歴史的展開の中では、いくつかの例外的事例を除いて、本質的に3つの方向性が形成された。イギリスの統合大ロッジ、これは一貫して1723年の憲章典を固持し、確固としてこの言及された基本原則を認めている大ロッジとしか友好関係を結ばない。スカンジナビア諸国で支配的なスウェーデン式修行方法は、それと異なるものである。ドイツではこの修行方法が大ロッジによって認められている。このシステムは「イエスの純粋な教え」の中に定着している。これは、福音派の中で採用されているように一種のキリスト教神秘主義で、比較的高度な認識レベルの中でしだいにはっきりとあらわれてきている。非キリスト教徒にとっては、このような修行方法は実際のところ受け入れがたいものである。1877年の大会でフランス大東社が「宇宙の全能なる建築家」という決まり文句を削除した。なぜならばフランス大東社はそれを信仰の自由および寛容と矛盾する教義と宣言したからである。フランスのカトリック教会の教権主義は反教権主義を誘発し、その結果、大東社のロッジには心霊術者と並んで無神論者や唯物論者が集まった。イギリスの大ロッジはそれゆえ大東社との関係を絶ち、そのことで両者は、その後10年間のうちにさらに溝を深めていった。フランス大東社は政党を自任しているわけではないが、アクチュアルな社会政策の問題について態度表明をおこない、公開決議も広めた。そ

れらはアングロサクソン式修行方法とスウェーデン式修行方法にとっては受け入れがたいものであった。しかし、手短にまとめると、3つのヨハネの位階（「青のフリーメイソン」）の儀礼的共通性が既述の方向性を持つ、全てのロッジで支配的であるといえよう。世界観と政治に部分的に違いはある。フリーメイソン活動に世界機関は存在せず、合意をまとめることは難しいため、合意と団結は儀礼的、観念的にしか与えられない。フリーメイソンはその都度の精神的潮流に共鳴させられるものであるからなおさら、システムが広範囲で同一であっても、フリーメイソンは至る所でいかなる時も同じであるわけではない。

この関係で高位位階システム（「赤のフリーメイソン」）にも触れておかねばならない。イギリスでは「古代」が体系的学説の中核を形成していたロイヤル・アーチの追加位階を創案した。この位階は国民的大参事会傘下の独自の参事会で創られ、たとえば、フランスとアメリカのような他の諸国にも広がった。全体システムは古式公認スコットランド儀礼が提示したが、その一方でヨーク儀礼がその名前と共に相互に組織的なつながりや機構的なつながりを持たない複数の独立した集団を席巻した。ヨーク儀礼を受け入れたアメリカとカナダの大ロッジが普遍的フリーメイソンの第一ブロックに数えられるのに対して、ヨーク儀礼および修正スコットランド儀礼のキリスト教的な傾向が、フランスとスイスのフリーメイソンに強いことは極めて明白である。それに対して、古式公認スコットランド儀礼（イギリス団体の18番目の位階を除く場合）は普遍的フリーメイソンに宗教的中立性を義務づけている。その際に、起源には諸説あるが、1786年の「大憲章」は決定的である。33位階については、たいていのものがフランスに起源を持っている。今日の構成は1802年にチャールストン（サウスカロライナ州）で最初の最高評議会が設置されたアメリカに由来する。世界の正規最高評議会はすべてこれに由来する。どの

第3章　憲章、組織構造、方針

国でも1つの最高評議会しか存在できないが、アメリカには2つ許されている。さらに先へと導く位階におけるフリーメイソンの自己形成の継続はアトリエや完成ロッジ、参事会、最高法廷(アレオパゴス＝「カドッシュの評議会」)枢機卿会議の中でおこなわれる。個々の事項については各最高評議会が独自に決定する。

スウェーデン式修行方法の大ロッジは別の組織形態を持っていた。彼らにとってはヨハネのロッジとさらに先へと導く位階を持った作業場との間の認識レベルの間の境界はなかった。これはアンデレのロッジと部会組織に分類されながら、大ロッジおよび地方の大親方に従属している。ベルリンにあるドイツのフリーメイソンの大地方ロッジは1770年に設立され、全団体のトップが団体顧問が補佐する団体親方となった時に、スウェーデン式の手本から

スコットランド位階；フリーメイソンの歴史においては、伝統的な「ヨハネの位階」の3つの位階(徒弟、職人、親方。これらは「青のフリーメイソン」と呼ばれた)にさらに上位の位階を付け加えた位階を持った組織が現れる。それらは伝統的なスコットランド位階に基づいて3位階に30の位階を付け加えたり、スウェーデン式位階とよばれる12位階であったり、場合によっては90以上の上位位階を持つ組織もでてくる。図はスコットランド位階の33位階図で、それぞれの位階が独自のシンボルを持っているが仕組みは複雑である。これらの上位位階は「赤のフリーメイソン」と呼ばれた。なお赤はスチュアート朝の色である。

離れている。これはすべての儀礼問題、システム問題において最高機関である。ヨハネのロッジとアンデレのロッジはそれに対して地方大親方とその大官吏によって担われている。大国民母ロッジ「3つの地球儀」も閉鎖的なシステムを所有しており、それは合計7つの位階と認識レベルのすべての機関を大ロッジの中で統合している。修行と儀礼を管理するために、「組合管理局」が大ロッジ内に存在している。もっともこのようなシステムはドイツにしか存在しない。

4. 組織構造

　フリーメイソンは、ロッジと大ロッジに組織されている。ロッジは「小屋ないしあずまや」を意味する。時としてロッジは、フリーメイソンがその組織やしきたりの由来を中世の建築家たちの作業ギルドから導き出されるという記憶を生き生きと保つために、今日でも石工組合を自称する。いくつかのロッジは左官や石工の保護者であった洗礼者ヨハネにちなんだ「ヨハネのロッジ」も自称する。（ヨハネのフリーメイソンの中の）「青の」ロッジと高位階の「工房」は区別される。ロッジはさらにフリーメイソンの集会空間（ロッジの神殿）も意味している。いわゆる「代表ロッジ」は現存の石工組合のフリーメイソンを1つにまとめ、新しいロッジを設立する。いくつかのロッジはその場所場所にあったかつての左官屋・石工ギルドの居住地と一致している。今日では、ほとんどのロッジが社団法人として組織されており、区裁判所か社団管理局の社団登記簿に登録されている。彼らはたいていの場合自己所有の建物か賃借りした部屋の中で会議を開いている。世界中で約45000のロッジが存在する。しかしフリーメイソンの国際機関は存在しないので、正確な数はわからない。

　たいていのロッジは週に一度ほど活動のために集まる。ロッジという概念でフリーメイソンの儀礼活動も示している。そうした活動は、彼らが勤めるそれぞれの目的に応じて指導ロッジ、入会ロッジ、昇格ロッジ、昇進ロッジ、祝祭ロッジ、喪中ロッジ、選挙ロッジと呼ばれている。どのロッジも所属する大ロッジに対して、年に決まった数の儀式をおこなう義務を負っている。その枠組みの中で徒弟候補者がロッジに受け入れられ、徒弟が職人へ昇格され、職人が親方に昇進される。ロッジは儀礼集会のほかに内向け、あるいは公開の講演会や議論集会、福祉舞踏会、姉妹祭を開催する。彼らはヨハネの日や年末、独自の記念日、特別な祭日やメンバーの誕生日を祝う。儀式活動に続いては、たいてい「白いテーブル」に参加者が一同に集まり食事をとる。

　ロッジのメンバーは自分たちの役職者会議を特定の会則と内規によって定められた期間に選出する。トップには「主席親方」が立っている。主席親方は二人の監督官、次席親方、詠誦官、書記官、会計官によって支えられる。ロッジの中で重要視されるのは、役職者、特に主席親方が個々の位階の儀礼を望ましいかたちで司り、また親方連が、しきたりによって定められた使命にふさわしく、メンバーの思考方法や生き方の手本となるということである。地域的なしきたり（これはロッジの構成員数ならびにその伝統によって定められ、時には変更される）に応じて、祭司長、管理人、司書・文書係といった役職が伸縮自在なロッジ指導部に加えられる。必要な場合には、他の団体のように特別な使命のための委員会が設けられる。

　しきたりという観点からみると、ロッジは地球の中心から星々に至るまで、長辺四角形によって区切ら

第3章　憲章、組織構造、方針

ロッジの会合の様子とロッジリスト；ロッジの様子は本文参照。リストにはロッジの成立年代と会合場所が記されている。

れたフリーメイソン特有の思想と活動空間として広がっている。ここでロッジという概念は、自己認識を求め、偏見と闘い、道徳的な世界秩序の法を実現し、寛容を行使する心構えのあるすべての人間を活動と滞在に招くというやり方で、精神的な次元を含んでいる。この意味ではロッジは聖域ではなく、おそらく保護された領域として捉えられうる。その領域から象徴と儀礼によって、フリーメイソン的な内容が経験できるようにされる。儀礼のテクストは確かに関心を持っている人なら誰でも公共図書館で閲覧することができるが、儀式やメンバーに関しては秘密にされている。フリーメイソンの服装を、メンバーは儀礼的な集会の間しか着用しない。神殿の東にある主席親方のテーブルの上には、「聖典」（ヨーロッパではたいていは聖書）の他に大ロッジの法規が置いてある。神殿空間の真ん中は覆われており、3つの柱、儀式用絨毯（あるいは敷物）によって取り囲まれている。神殿の装飾の詳細は個々の位階の儀礼本に書かれている。

　個々のロッジは、すべて大ロッジに従属している。大ロッジは、メンバーロッジの運営に適切な把握のために管区ロッジあるいは地方ロッジを設置し、その指導部はその都度管区にあるロッジの指導部によって選ばれ、その議長は管区親方議会として大ロッジの組織を形成する。大ロッジは概してメンバーロッジを社団的に公共圏の中でまた国内外の他の大ロッジに対して代表する。大ロッジはロッジ内の活動を促進し、保証する。フリーメイソンの原

53

則を固持し、公益にかなった文化的で倫理的な目的への刺激を与える。大ロッジは構想にかかわる計画的なロッジの活動に、その自立を制限することなく、注意を払う。ロッジは申請に基づき会員簿への登録およびその時々の大親方に残されている「光の持参」10)をおこなって、大ロッジのメンバーになる。そのほかにもさらに、フリーメイソンの研究ロッジが存在する。これはフリーメイソンの歴史や現在に学術的な観点から取り組んでいる。最古のものは1884年にロンドンで設立された。

5. フリーメイソンと秘密結社

　近代にはフリーメイソンのほかに様々な秘密結社が存在していた。そうした結社は確かに部分的にフリーメイソンの影響を受けていたり、その組織構造や象徴体系を継承していたりしたが、彼らの陰謀的な目的設定に基づくと、やはりフリーメイソンとは区別される。18世紀から19世紀への転換後には政治要素が特にはっきりと目立つようになり、その時代にはもっぱら政治的傾向を持った秘密結社が生まれ、イルミナーテンのような結社はすでに政治・合理的な中核を持っていた。それに対してフリーメイソンはヘルメス的（錬金術的）・秘教的で儀礼的な伝統にますますいそしむようになった。薔薇十字団ではとりわけ宗教的・政治的なイメージが重要な位置を占めていた。本節では多くの近代秘密結社のうちから、いくつか選択して事例を紹介しよう。

薔薇十字の兄弟団

　薔薇十字運動は比較的古く、宗教改革と対抗宗教改革の政治的、精神的、社会的な緊張という枠組みの中で見られなければならない。1600年頃、ドイツで共同の活動の中で、支配的なものの見方や秩序を変えようと試みる多くの協会や結社が誕生した。宗教的な寛容を実現しようとした結社は、イタリアのアカデミーやネーデルラントやイギリスの協会とコンタクトをとっていた。アウクスブルクの宗教和議は、厳しい取り組みのあとでも、過酷な状況の調整と沈静化をもたらすことはできなかった。それどころか反対に、その展開は最終的に大きな戦争という結果になった。このような危機の兆しは、故意の法律歪曲、恣意、迷信、唾棄すべき神学上の諍(いさか)い、教会内の職売買、大学内での称号売買、増大する通貨価値の下落、不安定な経済状況、宗派間の軍事的な戦闘に見ることができた。このような重くのしかかってくる状況は、他方で解放的な世界への変化の希望も呼び覚ました。宗教対立は、たとえば強力な調停をおこなう諸侯への期待を強めた。この初期バロック社会の危機は、今やもはや単に—たとえば30年戦争前夜のように—宗教的に作り出されただけではなく、「内部分裂と教会・世俗、宗教・国家の行動の分離によって特徴付けられており、社会的な思想と行動の世俗化へ続いていた。それは国家・政治的な、教会・宗教的な、また文化・経済的な領域に強力に関連していた」(Richard van Dülmen, Die Utopie einer christlichen Gesellschaft,『キリスト教的社会のユートピア』15頁)。最終的に3つの理由—初期絶対主義の形成、宗派化と始まりつつある社会の紀律化、近代学問の始まりと新しい教育システム—に帰せられる社会的な構造変化の過程は、地域的に異なっていたが、最終的に宗教改革の時代のなごりとして、またドイツ社会における対抗宗教改革の結果として生じたものである。

このような努力の結果生じた薔薇十字団という秘密結社は、世界の「普遍的改革」を望んでいた。そのメンバーには神学者ヨハン・アルント[11]のような当時の傑出した人物や、ヨハン・ヴァレンティン・アンドレーエ[12]のような汎知学者かつ社会批判者、またヨハン・アムス・コメニウス[13]のような教育者、皇帝ルードルフ２世の侍医を務めたミヒャエル・マイアー[14]のような医者と錬金術師、哲学者を兼ねる者、クリストフ・ベゾルト[15]のような法学者、イギリスの医者かつ博識家ロバート・フラッドが所属していた。この結社は政治や学問に対する過小評価できない重要性を獲得した。この結社はいわゆる薔薇十字団の小冊子、『友愛団の声明』（1614）と1615年にカッセルで出版された『友愛団の信仰告白』を出発点としていた。このマニフェストの中には「進歩」、「認識能力上の進歩」、実践的な社会的使命としての「啓蒙」といった、まったく新しい概念史的なカテゴリーが見られる。知識人共和国が、「我々の世紀に伝えられた知識における」全体を、いまやそれが「自然の本あるいはあらゆる技芸の法則の中に」あるにせよ、「明るい開かれた光の下に持っていくために」、目的として目前に捉えられていた（van Dülmen, Die Utopie einer christlichen Gesellschaft, ［前出］79頁以下）。この小冊子の中心には、クリスティアン・ローゼンクロイツ[16]という人物が存在し、おそらく「高名なる薔薇十字団の兄弟団」の設立はそこにまでさかのぼる。この結社は今や彼らのマニフェストの中で息を吹き返し、世界の普遍的な改革の使命を与えられた。

このマニフェストに対する反応として1616年にストラスブールでさらなる出版物が現れた。すなわち、『クリスティアン・ローゼンクロイツの化学の結婚　1459年』である。その著者であるヨハン・ヴァレンティン・アンドレーエは、おそらく高い確率で上述の薔薇十字団のマニフェストの起草に関与していた。アンドレーエは、死後に自分の人生についての詳細な報告を出版した。そこから我々は彼の伝記的事項を再構築することができる。彼はヴュルテンベルク公爵領の「良家」の出身であった。その社会的地位は、彼にとっては極めて大きな意味を持っていた。たとえば、彼が精神的衝撃、数多くの交流、職業的上昇だけでなく、それを超えてヴュルテンベルクの宗教改革者であり、ヴュルテンベルクの文化と教会の再建者としてテュービンゲンの宰相ヤーコプ・アンドレーエ[17]が残したものを前へ進めるという義務を持つことができたのは、アンドレーエ家という出自のおかげである。この一族から彼は文化と学問の育成および実践的なキリスト教の実現を目指すように決定的な刺激を受けていた。

彼の論述の中心には、完全にルターの宗教改革という意味で、未完成の宗教改革という意識がまず存在していた。つまり、宗教改革は迷信的な伝統にまつわる教えを浄化したけれども、生活の改善のためには何ら決定的に貢献することができなかったという意識である。このような見解に基づいて、アンドレーエは宗教改革のさらなる前進という考えを展開した。彼はルター派教会の機能不全の理由をその国家教会・神学者教会への退化および大学、学者身分の中に見ていた。人文主義がますますスコラ学的独善に我を忘れてしまっていたからである。そういうわけで彼は人文主義学者身分のキリスト教化を目指す協会の必要性を主張していた。リヒャルト・ファン・デュルメンはこうした文脈で、なぜアンドレーエが自分の時代の危機に対して、一方で改革の夢物語を用いて、他方で社会構想を用いて反応したのかについて、アンドレーエの批判が説明不足であることを正しく指摘した。彼の夢物語の中でははっきりと３つの伝統、すなわち黙示録的千年至福説の思想、自然哲学者の錬金術的千年至福説の思想、社会生活が合理的に規則づけられる理想都市のイメージ、が現れている。ルターの宗教改革を世界のキリスト教化という方向へさらに前進させる

という考えのために、神によって定められた秩序の中で選び抜かれたキリスト者の生活共同体のイメージがさらに付け加わった。

『化学の結婚』という書物の中でクリスティアン・ローゼンクロイツの「伝授」が「7日」後に描かれている。その際に錬金術は変化と再生の秘密の象徴として機能していた。それと並んでアンドレーエはさらに興味深い書物を書いた。これはこれまでの研究によってほとんど顧みられることのなかったものである。『ターボ』の中ではファウストのテーマが取り上げられており、後にフリーメイソン運動に影響を及ぼすことになる人間についての人類学的解釈が構想されている。アンドレーエはその中で人間がまず完成された人格として生まれるわけではなく、常に自分への働きかけを続け、構想を完全なものにしなければならないことをはっきりと説明している。真実の探索者は、様々な生活状況や世界観の多くの試みや試練のあとで、はじめて、完全な神への献身の中にあらゆる間違いの救済を見つける。

ユートピア的構想である『クリスティアノポリス』も薔薇十字団を取り巻く環境の中で、1619年にアンドレーエによって書かれた。彼は「クリスティアノポリス」という国家の描写をおこなっている。『クリスティアノポリス』は、これよりも後で刊行されたものであるが、フランシス・ベーコンの『新アトランティス』[18]およびトマソ・カンパネッラの『太陽の都』[19]と密接な関係にある。アンドレーエの二人の友人トビアス・アダーミ[20]とヴィルヘルム・ヴェンゼ[21]はしばしばナポリの監獄に拘置されていたカンパネッラを訪問していた。アンドレーエが薔薇十字団のマニフェストに従事していた時点で、彼はおそらくカンパネッラの草稿を目にしており、そこに理想的な都市共同体の描写を見つけたのだった。『クリスティアノポリス』の基準座標系は結社の書物の基準座標系よりもはるかに泰然としたものであった。というのも、彼はここでエリート集団の教育の問題をテーマに取り上げただけでなく、対照世界の構想をも考案していたからである。それは宗教改革幻想のパラディグマである。特に強調される点は、この夢物語の時事批判的で革命的な内容である。アンドレーエはこの理想的なイメージを自分の時代の誤解と向かい合わせている。最高原則として社会正義と真実への義務が強調された。理想郷的な都市全体の文化には学問が強く影響を与えていた。このことはアンドレーエの時代の新しい学問理解を示唆している。アンドレーエは『クリスティアノポリス』の中でその具現化を問題にしているのではなく、道徳的な生活、純粋な教訓、学問研究の統合という思想をキリストの後継者と世界のキリスト教化によって達成したいと考えている。

「クリスティアノポリス」の社会構造と経済生活が近世都市の理想型であるならば、その文化生活は初期市民的な教育の理想を示している。それはあらゆる近代学問、特に実践的な学問が義務であるとわかっている。アンドレーエがまだ神学的・宇宙論的な自己理解にこだわりを持っているならば、彼の学問的理想はスコラ学的な教会の伝統に打ち勝ち、聖書と自然という直接的な源泉によりどころを求めることになる。カルフ司教として彼は後に組織化された社交場をキリスト教社会主義に基づいて建設しようと試み、30年戦争によって自分の作品が台無しにされた人生の終わりに、『テオフィルス』という書物の中で「クリスティアノポリス」という思想と残りの改革計画をもう一度まとめた。『クリスティアノポリス』の中で賞賛されたキリスト教的態度の理想は、今やここですべての個々人、教会、国家、社会に対する要請となっている。『テオフィルス』は1622年というアンドレーエに対する極めて苛烈な攻撃の時代に成立し、それゆえに自分の正統信仰の擁護に使われた。

アンドレーエの『クリスティアノポリス』がベーコンの『新アトランティス』に影響を与えたことは、今

日論争の余地はない。ベーコンの草稿の中ではこのユートピアの知的指導機関、「ソロモンの」家に中心的な役割が与えられている。それは後のフリーメイソンロッジと類似している。ソロモンの家にいる賢者たちは十分に薔薇十字団の兄弟団と一致している。1630年頃まで薔薇十字運動に関して賛否こもごものたくさんの書物が出版された。その際に医師、錬金術師、自然科学者、実験哲学者を兼ねるミヒャエル・マイアーとイギリスの医師であり、神秘主義者、神智学者のロバート・フラッドが薔薇十字団神話に確かな文献的基盤を与え、その結果、この運動の背後にしっかりとつなぎ合わされた観念的なシステムがあるのだという間違った印象が呼び覚まされた。ライプニッツによって、特に保護された数学者兼自然研究家ヨアヒム・ユンギウス[22]も薔薇十字団の意識内で諸学問に1つの制度化した枠組みを与えようと考えていた。そのために、彼はドイツおよび北ヨーロッパで最初の学術アカデミーを生み出した。

　歴史的に見て決定的に影響が大きかったのは、ヨハン・アムス・コメニウスであった。彼はアンドレーエを精神的な父として敬い、普遍的な知識の汎知学的システムを展開させた。その中では挫折した世界改革が実践的な方法で実現されるはずであった。この計画の中心には教育学が位置していた。教育学の助けで人間は知識、言語、宗教において1つにまとめられるはずであった。これと関連して、コメニウスはすでに『クリスティアノポリス』や『新アトランティス』で似たような形で提案されていたような普遍的な大学を要求した。アンドレーエを超えて彼は組織的な計画によっても世界を改善するという思想をイギリスに持ち込み、効果を上げさせた。それでもって彼は、同時にアンドレーエの薔薇十字思想とイギリスの初期ロッジ時代との間の直接的な結びつきを生み出した。アンドレーエに同意して、彼もすべての隔てている垣根を越えて、あらゆる民族、国民、言語、宗教の人間が集められる1つの大きな「人類のドーム」を打ち立てようと考えていた。コメニウスは何の意味もなくフリーメイソンのザムエル・ハルトリプ[23]に勧められて、人文学的知識人社会のための構想を起草するために、イギリスの議会に招聘されたわけではない。彼は著作『法の道』（1641）の中で、すべての結社および兄弟団を世界改革という目的で一致させる、イギリスに本部を持つ「普遍的な大学」を提案している。規約の中には、結社の閉鎖性とメンバーの秘密保持義務が企図されていた。確かに議会での交渉は続かなかったが、このような発想が効果を発揮しなかったわけではなかった。このハルトリプが参加し、ドイツ人テオドール・ハーク[24]によってオックスフォードに設立された「見えない大学」から最初の近代的な学術協会「王立協会」[25]が誕生した。そのメンバーは薔薇十字運動やフリーメイソン運動と密接な関係にあった。

　おそらくは「王立協会」の起源である既述の「見えない大学」をめぐっては様々な憶測が飛んでいた。「見えない大学」という名称は、古き「嘲笑」[26]すなわち、不可視についての古い冗談と結びついており、薔薇十字の兄弟たちとも結びついていたのであるが、これは薔薇十字団運動から「王立協会」の創始に至るまで導いてきた伝統を示している。もっぱら自然哲学者から構成される王立協会には近世において多くの敵対者がいた。最初は彼らの集会では学術的なテーマしか会話に上らず、宗教的な問題は無視されていた。これは確かに非常に賢明な予防措置であった。しかしながら、イライアス・アシュモール[27]が、創立メンバーとして「王立協会」に加わっていたことは、強い自然科学的な関心の他に、薔薇十字運動の伝統も話されていたことを示す、より重要な手がかりである。たとえそれが、メンバーの個人的な会話でしかなかったとしても。アシュモールは17世紀イングランドの錬金術運動の最重

要人物であった。彼は『名声』と『告白』の英語翻訳を書き写し、この写しに芸術的に作成されたラテン語の手紙を添えた。それは、「崇高なる薔薇十字の兄弟たち」に宛てられ、この兄弟団のメンバーになることの要請が含まれていた。アシュモールは自分の日記の中で、1646年にウォーリントンのフリーメイソンロッジに受け入れられたと言及している。文献の中で強調されてきたのは、これがイギリスのロッジの中での思弁的フリーメイソン運動に関して、知られている最初の叙述であったことだ。これと関連して、自分の手で薔薇十字団のマニフェストを書き写し、兄弟団に非常に肯定的な態度をとったアシュモールを通して、薔薇十字団の伝統がイギリスのフリーメイソン運動に広がったことは十分考えられることである。1638年から我々はフリーメイソン運動に対する薔薇十字団運動の最初からの結びつきを示す叙述を所有している。その際にエディンバラで（1638年に）公表され、パースとその周囲の韻文の描写を提供してくれる1つの詩が重要となってくる。

「われわれが予言することは普遍的なものではない
というのもわれわれは薔薇十字の兄弟だからだ
われわれは石工の言葉と二つ目の顔をもっている
われわれは未来をおそらく言い当てる」
　　　　　（Frances A. Yates, Aufklärung im Zeichen des
　　　　　　Rosenkreuzes, 『薔薇十字の覚醒』220頁）．

この結びつきは、1676年のフリーメイソンのパンフレットにさらに強く現れている。そこでは次のように述べられている。

「私たちは、緑のリボンで飾られた近代的なカバラが古き薔薇十字の兄弟団と一緒にヘルメス学の熟練者（錬金術師）たちと聖別されたフリーメイソンの団体に次の11月31日に互いに食事をする準備をしていることをお知らせしたいと思います」

(Yates 同書からの引用, 221頁)。

けれどもこのような指摘はこの時代に薔薇十字団という秘密結社が実際に存在していたということを証明するものではない。ある程度確実に言えることは、薔薇十字団の思想の担い手が存在していたことである。彼らは自分たちの哲学を拡散させるよりも優先的に、地域を越えた1つの秘密結社のためにあらゆる宗教にも、受け入れられる基盤を作り出そうと努力していた。その結社の中では様々な宗教的見解の持ち主が共生し、普遍的な人類愛という意味で一緒に学問の進歩に従事すべきものであった。

黄金・薔薇十字団

比較的古い薔薇十字運動と18世紀に生じた「黄金・薔薇十字団」との間には直接的な関係はない。18世紀の黄金・薔薇十字団に対する最初の言及は、1710年のジンツェルス・レナトゥス（ザムエル・リヒター）[28]の書物『黄金・薔薇十字団に由来する兄弟団の哲学の石についての本当の完全な叙述。その学習する子供たちに、S. R. ことジンツェルス・レナトゥスによって出版される』である。この瞬間から薔薇と十字架と黄金とが結びついた。この結合は神学と哲学における薔薇十字団の秘儀の二分化を表現しており、「賢者の石」の中に団結のために集められた。薔薇十字兄弟団のフランス式儀礼の中では、哲学的な道は自然の秘密と世の幸福へと通じ、神学的な道は神の最高の秘密並びに永遠の命に通じるという。このような指摘は、18世紀初めに黄金・薔薇十字の兄弟団が新しく、あるいはおそらく再建した可能性を示唆している。続いて出版されたさらなる書物はこの結社の実在に関して明白な答えを与えてはくれない。したがって、たとえ新しい結社が比較的古い史料から観念的な刺激を受けたかそれに言及したとしても、黄金・薔薇十字団とさらに昔の薔薇十字運動との間の関係が再構築されることはない。

第3章　憲章、組織構造、方針

　黄金・薔薇十字の兄弟団に関する最古の史料「プラハの集会」のメンバーの「金羊毛あるいは若き薔薇十字の兄弟団」は、1761年のものである。それは規則、すなわち儀礼を含んでいる。そして部分的に文字通り1749年にライプツィヒで出版されたヘルマン・フィクトゥルトと名乗ったヨハン・ハインリヒ・シュミット[29]の書物から抜き書きされたものである。その中で「黄金の薔薇十字の協会」について、二度ほど言及されている。それゆえこの著者が兄弟団の設立に当たって役割を果たしていた可能性もあるだろう。1767年以前に兄弟団は結社改革のあとで、もはや言及されなくなった1名の「皇帝」と1名の「副皇帝」、そして77名の「秘伝博士」と700名の「大達人」、1000名の「免除達人」、1000名の「徒弟」、「新入り」という7つの階級から構成されていた。後の組織形態は、ここですでに彼らの基本構造の中に存在していた。規則によれば、理神論者や異教徒の受け入れは禁止されたが、ユダヤ教徒は例外的に受け入れることが許された。しかし彼らは後に厳しい拒否に見舞われることになった。

　この結社は1764年にプラハの組織の騒ぎによって公に知られるところとなった。この組織内には、すでに薔薇十字団とフリーメイソンとの密接な結びつきが存在していた。このことは「黒薔薇のためのロッジ」という表記から、またメンバーの重複からも明らかである。薔薇十字団のフリーメイソンへの侵入は、とりわけフリーメイソンの啓蒙的目標に反する高位階システムによって容易になった。薔薇十字団はこのシステムの内部でフリーメイソンの最高段階を称した。1777年に発布された第二基本計画は次のようなことを強調している。「しかし、[黄金・薔薇十字団の]幹部たちは、比較的高度な知識を育むための養成学校を……設置することよりも、さらにうまく自分たちの真の意図を隠し、さらに簡単に人間が持っている知識欲をみたそうと、いわゆるフリーメイソンの3つの最下級位階を所有している。そのようなもの[フリーメイソン]が長い時間を経て多くの無価値な役に立たない重要でないことと一緒に世俗化され、ほとんど見分けの付かないものになってしまったとしても、……同志の合法的な手段によって最も役に立つ対象が［私たちのクラブのために］獲得されねばならず、それ以外の誰も私たちのクラブに入会することはできない」(Starke Erweise aus den eigenen Schriften des Hochheiligen Ordens Gold- und Rozenkreutzer...『黄金の薔薇十字の最も神聖なる教団所有の文書からの強力な証拠』Rom 5555, 3頁　おそらくは J. J. Bode の匿名により編集)。ここではフリーメイソンにおける会員資格が、ロッジに潜伏し、次第に自分たちの都合のいいように作り替えていくという目標を持っていた薔薇十字の兄弟団の前提とされていた。

　この結社の支配システムは、フリーメイソンの高位位階システムに影響された知のヒエラルキーによって観念的に固定化されていた。このシステムは薔薇十字団の修行や実践的並びに理論的な兄弟団の教えの知識におけるその時々の状態にあわせた9つの位階で構成される。1777年にこの結社には5856名のメンバーが所属していた。彼らはまったくばらばらに9つの位階に配分されていた。7名の「秘伝博士」、77名の「大師」、777名の「免除達人」、788名の「大達人」、799名の「小達人」、822名の「哲学者」、833名の「実践家」、844名の「理論家」、909名の「徒弟」である。兄弟団のメンバーは自然科学者、医師、高位将校、神学者、冒険家から構成された。それゆえ大部分が高位市民的、貴族的階層である。

　この結社の関心は宗教的な本質のものである。その中心には汎知学的なエマナチオの教え[30]がある。それによれば自然は「神の創造力の発露であり、それ自体神の一部である」。それに続いて後には一連の啓蒙主義が差異化していく過程の中で激

しい政治化が生じた。その際に特徴的な個人政治と社会的に統合されたエリートの一軍の形成が重要になる。ヴェルナーの政治の例は、薔薇十字の関心が、結社の政治化という目的が達成されたあとでも宗教を指向し続けていたことを示している。薔薇十字の政治内容を満たした啓蒙との対決は、非宗教性、理神論、自然主義に対する闘争であった。この結社はとりわけプロイセンで政治的影響力を獲得し、少し弱くはあるがバイエルンでも影響力を持っていた。

　1767年以降、薔薇十字団は広がり、ますます影響力を獲得した。その際にこの広がりは南ドイツ、ウィーン、ザクセン、シュレジエン、ベルリン、北ドイツのそのほかの地域、ロシア、ポーランドなどで地方的な重点を示した。それからプロイセン王フリードリヒ・ヴィルヘルム2世の支配下で結社は頂点に達したが、同時に結社の政治的な目的が強化されたために没落が始まった。さらに約束された奇跡が起こらなかったことや1782年のヴィルヘルムスバード会議の結果によって内部批判が発生した。その会議はフリーメイソンの内部で高位位階システム（厳守派）を廃し、それによって薔薇十字団の影響力を排除した。1787年以後にこの結社が現れることはもはやなかった。この年に「シラヌム（Silanum＝教団の解散）」すなわち一時的な活動休止が定められた。薔薇十字の兄弟団の正確な終わりはその始まりと同様に現存の史料に基づいて正確に叙述することはできない。

秘密結社イルミナーテン

　1776年にインゴルシュタット大学の教会法の教授アダム・ヴァイスハウプト[31]によって設立されたイルミナーテンの目的は、普遍的歴史哲学的論理だての中に組み込まれていた。それによれば啓蒙主義はその根源を先史の自然状態に持つ自然発生的な歴史過程の発展段階として理解された。この歴史過程の到達点は社会の出発点、すなわち自然状態と一致する最終状態であった。それは国家や君侯、諸身分を持たないコスモポリタンな世界秩序であった。啓蒙主義者は自らをイルミナーテンのように組織し始めており、すべての支配をゆっくりと解体するために、人間の権利の再生と啓蒙と道徳の促進を視野に入れていた。理性は「人間の唯一の法典」となり、人類は「いつか1つの家族となり、世界は理性的な人々の住処となるはず」であった。ヴァイスハウプトは、啓蒙を精神運動というよりはむしろ道徳的かつ政治的な性質のものと理解していた。啓蒙は彼の理解では理論的な抽象的な問題ではなく、人々と社会を変えるものであり、人間の完全化に寄与し、「心」を改善するものであった。道徳は彼にとってイエスとその弟子たちの教えと同一視された。それは人々を完全無欠に導く。キリスト教の隣人愛と財産共有の要求は、彼の解釈によれば、人間の自然状態を反映しており、自由を初めて可能にするものである。

　間違いなくここでヴァイスハウプトの教えはキリストの福音のユートピア的な潜在能力につながっている。けれども、君侯支配の成立や世俗の専制主義、文明世界の拡大によって人間の自然天国は破壊され、司祭支配や聖職者の専制主義、神権政治はイエスの教えを堕落させた。原始キリスト教の本質的なメッセージは「フリーメイソンのベールの中で」保ち続けられていたという。というのはフリーメイソンがイエスの教えを広めることと理性の啓蒙によって「行動的な」キリスト教を体現していたからである。フリーメイソンは時代の成り行きの中で利己心と新しい位階の発明、錬金術、式典儀礼によって自分たちの元々の理念から遠く離れてしまったので、イルミナーテンは理性と道徳を救い出す必要があった。最終的にこの結社は人間の本質を堕落させる専制主義に打ち勝ち、コスモポリタンな共和主義を打ち立てたいと考えていた。その中で啓蒙さ

第3章　憲章、組織構造、方針

Rousseaus Gesellschaftsvertrag, Weishaupts Plan der Regentengrade sowie die Beschreibung der Inquisition gegen die Illuminaten

イルミナーテン（光明会）とA. ヴァイスハウプト；フリーメイソン組織に陰謀性の悪名を与えるきっかけとなったのは、バイエルンのフリーメイソンから現れたイルミナーテン（光明会）の「バイエルン結社」であった。この光明会は1776年にインゴルシュタットの学者アダム・ヴァイスハウプト（1748～1832）によって創設された。その組織はフリーメイソンのそれにならいながら、ヴァイスハウプトは若い学生たちに教会や国家が排除した教科をすべて学ばせ、同時に現実の政治や社会への批判の目を育てようとした。それは理性の力とキリスト教的隣人愛に基づくユートピア的思想の民主共和国を追求するものであった。イルミナーテンはその組織を強化するために、フリーメイソン組織に加入する戦術をとり、その組織はドイツ、オーストリアで大きく広がり、成員は600～700人に達していたとされる。ドイツではゲーテもその一員であり、ウィーンではモーツアルトやハイドンらが属していたロッジ「真の調和」やベルリンの大ロッジ「三つの地球儀」にも入り込んでいた。しかしその過激な現状否定の思想から、バリュエルなどによりフランス革命の首謀者とみなされ、バイエルンなどで禁止迫害され、ヴァイスハウプトはインゴルシュタットから逃亡し、組織は1785年に解散されてしまった。その歴史は、フリーメイソン＝「陰謀組織」論に大きな影響を与えることになった。

れた理性が平等で自由な人間の自然状態を再建するのだ。それによって初めて啓蒙主義への呼びかけの下で理性的な規範の適用権が国家領域まで拡大され、理性国家への要求の中で啓蒙思想の政治的側面を今や実現させるべき政治的ユートピアが構想された。

1780年初頭、元々は秘密の学生団体でしかなかった結社がバイエルンを越えて広がり始めていた。アードルフ・フォン・クニッゲ男爵[32]の入会でイルミナーテンは新しく構築され、教団システムの改革によって強化された。クニッゲはたゆまぬ尽力と数多くの個人的つながりによってイルミナーテンにさらなる会員を紹介することができた。男爵が追求した目標は、イルミナーテンとフリーメイソンとの間に強固な結びつきを生み出すことに向けられていた。それゆえクニッゲは現存するロッジへの潜伏と自分たちのイルミナーテンへの合併を計画していた。フリーメイソンはこのような方法で、イルミナーテンの政治目的に動員されるはずであった。フリーメイソンはその際にイルミナーテンの結社の隠れ蓑でしかなかったことを、特にミュンヘンのロッジ「よき助言のための聖テオドール」とウィーンのロッジ「真の調和」への潜伏が明らかにしている。このよく知られた潜伏を特にヴァイスハウプトは支持していたが、その一方で、フリーメイソンと非常に密接な接触を保っていたクニッゲは、厳守派を掃討するというフリーメイソン改革案を良好に実現できるように、両結社の統合を擁護した。ヴァイスハウプトは潜入されたロッジが補助組織となるはずであり、その際にイルミナーテンにふさわしくないフリーメイソン会員は、ロッジの中に残しておかねばならないという見解を持っていた。

その構成の最高点で、イルミナーテンは600から700の会員をドイツ全土に有していた。彼らの大部分は官吏や教授、教区司祭から構成され、貴族の高い関与もあったのだが、その一方で商人や小市民は平均を下回っていた。このことは結社内の矛盾を示している。様々な対立や個人的な諍いや暴露、1784年から1785年にかけての迫害は、結局のところこの秘密結社の崩壊と解体へとつながった。イルミナーテンの発覚で反動的な動向は新たな勢いを得た上に、啓蒙が宗教や国家に敵対的な立場であったという証拠を手に入れた。そういうわけでイルミナーテンは現存の体制の政敵として密告され、1789年以後はジャコバン派でフランス革命の首謀者という汚名を着せられた。たとえばカール・フリードリヒ・バールト[33]の「ドイツ・ユニオン」のように、遠慮がちな蘇生の試みは、つかの間の現象でしかなかった。

イルミナーテンとフリーメイソンの根本的な違いは、強力な人的結合にもかかわらず両結社の性質にあった。フリーメイソンは最終的には儀礼を非常に強調するイデオロギーなき秘教的共同体であった。その一方でイルミナーテンはイデオロギー的で政治的な目的を設定していた合理的啓蒙主義システムを持っていた。それゆえ、イルミナーテンはより強く政治的秘密結社に分類されうる。1796年の「幸福論」（Eudämonia）の中でイルミナーテンについて、この「忌まわしい結社」の目的は「祭壇を転覆させ、王位を掘り崩し、道徳を堕落させ、社会秩序をひっくり返す、要するにすべての市民的・宗教的制度を取り壊し、その代わりに異教的制度、殺人裁判そしてあらゆる煽動的な無政府状態の惨禍を導入する」ことにあったと語られている。（Eudämonia oder deutsches Volksglück II,『幸福論またはドイツ国民の幸福II』Leipzig 1796, 232頁以下）このような「陰謀論」として、研究の中に入り込んできた秘密結社の急進的な撹乱工作を世界中に広げるネットワークとしてのイメージは、今日最近の調査によって反革命的なでっち上げだと判明した。このことはイルミナーテンの事例で説得的に証明されている。つまるところ、イルミナーテンの秘密結社は、

絶対主義国家を革命で脅かすことなしに、道徳の支配を陰謀的方法で達成しようと考えていたので、暴力的な革命を拒否した。それゆえ啓蒙絶対主義の敵対者ではなく、むしろ味方側に立っていた。

ドイツ・ユニオン

1786年から87年にかけてカール・フリードリヒ・バールトは、自らの急進的啓蒙思想の実現のために地域と国家を越えた秘密の文通結社を創設した。それをバールトは「ドイツ・ユニオン」と名付けた。このユニオンには、当初それより前にすでにハレで創立されていた改革ロッジのメンバーであった22名が所属していた。ユニオンは知識人、作家そして読者の連合であり、作家・読者同盟を自任していた。目的としては協同組合的に組織された作家の自己出版がバールトの念頭にあり、それは読者との密接な接触を生み出すはずであった。そういうわけでバールトは「全ヨーロッパ中に文通網」を組織しようと努めていた。重要な役割をその際に読書協会が演じるはずであった。バールトは読書協会を、とりわけ自分のユニオンが切実に拠点を必要としていた場所に設営したいと考えていた。明らかに彼は秘密同盟と読者連合の結合を想い描いていた。その際に彼は公共圏を意識して密接な結びつきを守りたいと考えていた。そこでは厳格な秘密の保持が支配する一方で、読書協会がいわば事業の「外見」を作り上げていた。広範なメンバーシップからバールトは限られた個人サークルを選び出したいと考えていた。そのサークルは結社の特定の人たちだけに通用する核を作り上げるはずであった。この秘密結社において、新しいことはまさにこの特別な組織形態であった。すなわち秘密結社と読者同盟のコンビネーションである。

1787年の秋に出された設立声明「理性の友たちへ」の中で、バールトは「文芸結社」を予告した。この声明は、啓蒙に敵対的な政権が批判的な啓蒙主義者に激しく反対する行動に出ていたときに出された。こうした反動の兆しは、フリーメイソンの禁止、イルミナーテンの追放、反対勢力に対する様々な迫害であった。薔薇十字団と神秘主義および官憲国家とスパイ体制は、日常的であった。不安をかかえる為政者たちは過剰に反応した。バールトによると、これに対抗する効果的な手段があった。すなわち、すべての批判的な啓蒙主義者の社団的連携である。この新しい結社はそれゆえ啓蒙の敵対者に対して反旗を翻し、戦うという目的をもったラディカルな啓蒙組織として構想された。ここで具体的に想定されているのはフリードリヒ・ヴィルヘルム2世や彼の二人の寵臣ヨハン・クリストフ・フォン・ヴェルナー[34]とヨハン・ルードルフ・フォン・ビショッフヴェルダー[35]のようなプロイセンの薔薇十字団員であった。彼らはベルリンで大きな影響力を持っていたのである。バールトは、後で「政治世界」を啓蒙思想のために獲得するために、まず文化生活の中で啓蒙を広めることに尽力した。上記の声明は数百名の代表的ドイツ知識人に届き、そこで共感を得た。「大きな目的」は非常に一般的に表現された。すなわち、この「静かな連帯」では「人類の啓蒙と迷信の廃位」が問題であると。

バールトは「ドイツ・ユニオン」を最初10から12の「州あるいは教区」に区分した。その数は後に24になった。その際に彼は、現存の君主国やその境界に配慮しなかった。バールトは次のような見解を主張した。読書協会は孤立した教養市民の集団になるべきではなく、むしろ民衆教育を手配し、啓蒙を「民衆の小屋に」運ばなければならないとしていた。1787年の秋に比較的大きな宛先集団が二通目の「改善された計画」を受け取った。その中では書籍業を手中に収めることがいかに重要であるかが改めて強調された。バールトは、このような方法で啓蒙の敵対者から「出版者と読者公衆」を奪い取ることができると考えていた。意見形成の重要な場

は、組織の思想を宣伝するユニオンの政治・文学の広報誌であった。その広報誌を敵対的で批判的な啓蒙主義の拡声器にするように、「指揮をおこなう」作家たちのもとに指令が届いた。読書協会は書籍の売り上げの保証と拡大をもたらすはずであった。読書協会はそれだけでなく、読書界に影響力を行使するために、急進的啓蒙主義のための直接的な文学プロパガンダをおこなうという使命を持っていた。読者コミュニティとのコンタクトは、ユニオンの管理によって読書協会の事務との定期的な文通を通して、特に指示やニュース伝達、報告、書籍送付によっておこなわれていた。

「指導的な兄弟」としての作家たちは、とりわけ読書室の指導部に宛てた方針と情報を通して読者公衆の判断形成に影響を及ぼしていた。読書協会の事務局はたとえば、組織の内外の急進的啓蒙主義の書籍や定期刊行物に注意をうながし、それを推薦するように要請され、他方、反啓蒙主義的文書は厳しく拒絶するよういわれていた。文学プロパガンダはドイツ啓蒙の活動範囲全体を包み込んでいた。バールトは、ドイツの至る所にユニオンのロッジを設置することを望んでおり、そこから読書クラブを組織するはずであった。その際に読書協会の指導部内の書籍商が専門家として、書籍販売や書籍貸出の実情にあった組織化を保証する予定であった。しかし、このような目標を実現することは非常に困難であった。

読書クラブの組織化は、1788年の「ドイツ・ユニオンの秘密計画」の中で規定されていた。そこでは結社の有力人物が受け取った第三の計画が重要であった。導入的な概観の中では、秘密結社の特色が、作家と読者の一致団結であり、「執筆し、読書する公衆」であると記され、「その最終目的は秘密のまま伏せられていた」。ユニオンのもっとも重要な目標は「学問の完成」、「教育の改善」および「公益にかなう才能」の育成を含んでいた。このような目的と様々な階級への階層化はフリーメイソンのロッジの影響を明確に示している。フリーメイソンのロッジは一般的な人道的な考えと並んで、啓蒙に特に自己啓発と人格の完成に重要な役割を与えている。

1788年9月からバールトは何人かの信頼できる人々に自分の「最重要機密行動計画」を回覧させた。その中には、ユニオンの最終目標として、「専制の退位と人類の解放」が掲げられていた。これは君侯の失脚の必要性を明白にほのめかしている。この反君主制の流れによってユニオンはほかの秘密結社、たとえば、イルミナーテンや薔薇十字団とはっきりと区別される。秘密結社のリーダーと秘密の読書協会の管理者との個人的な結びつきがここでも維持されていた。この最終計画には、特に結社のフリーメイソン的な構造がはっきりと表れている。すなわち、「（主席）親方はその場所の統括者としてすぐに読書用書庫を用意しなければならない」。

バールト自身は1789年4月にプロイセン国王フリードリヒ・ヴィルヘルム2世の命で啓蒙活動とプロイセンの反動に対する風刺のかどで逮捕された。諸政府は密告や手紙の検査や暴露文書による秘密漏洩の結果、ドイツ・ユニオンを発見した。しかも大臣ヴェルナーはバールトに死を予告して脅した。それなのに、フランス革命の勃発後、ヴェルナーは別の策略を用いて、国王にバールトへの恩赦を勧めた。この因人を殉教者にしないためであった。それ故、国家を危うくする秘密結社に対する告発がなされ、バールトには禁固刑が言い渡された。判決理由には、「国王侮辱罪」が掲げられたが、この秘密結社は故意に軽く扱われた。その際に、とりわけフリーメイソンのロッジと読書協会がドイツ・ユニオンに関する免訴の正当化に努めた。バールトは服役のためにマグデブルク要塞に移送された。そこにはほかの反体制派の人々も投獄されていた。バールトが1790年に1年3か月間にわたる服役を終え

て釈放された時、彼はくじけることなく急進的啓蒙主義の態度を維持していた。それどころかフランスの革命的な事件の数々の影響でバールトは急進的な民主主義者になっていた。

まだ城塞禁固にあった1790年5月1日にバールトは、自分の4巻本の自伝を書き終えており、1790年から91年にかけてそれを5つの場所で出版した。ヴェルナー反動に対するもっとも重要な政治闘争書の数々は、1790年から1792年までの間に現れ、その中でバールトは絶対主義と君主制を批判し、腐敗と側室政治、情実人事に対して、民衆の抑圧と搾取に対して論争を仕掛けた。これらの書物は、フランス革命を背景にしてみられなければならない。君主制の打倒を超えて、今やバールトは民主制を要求していた。民衆は悪しき政権に対する革命の義務を負うだけでなく、自ら権力を引き継ぐべきものであると言ったのである。フランス革命と彼の国家理論は人権と市民権の実現への根本的な要求をも分かち持っていた。

カルボナリ

イタリアの秘密結社は、フランス革命以前にはまだ啓蒙主義のイデオロギーに強く縛られていたけれども、ナポレオンの失脚後に政治的になっていき、後に特にイタリア国民運動の中で役割を担うことになった。「炭焼き党」、すなわち「カルボナリ」はイタリアでほぼ間違いなく、フランスかスイスで「フェンドース（木こり党）」に属していたか、おそらくこの結社のメンバーでもあった帰国亡命者によって結成された。南イタリアのカルボナリはフランス東部のフランシュ・コンテ地方の「シャルボーニ」と結びついたとも考えられる。1797年には、すでにナポリの警察大臣サリセティ[36]はある「陰謀」にかかわっていたが、彼はそれを「カルボナリ的」と呼んだ。

1809年にカルボナリ運動の分散した個々のグループは、カプアの最初の主要ロッジ（「ヴェンディタ（小売店）」）に集結した。ジョゼフ・ボナパルトとジョアシャン・ミュラ[37]はカルボナリを南イタリアへもたらした。ピエール・ジョゼフ・ブリオは政治にもっとも積極的に参加している古参ジャコバン派の一人であったが、フランスですでに統一イタリアのために尽力していた。エルバへのフランス政府の派遣委員としてブリオは貧民と冷遇者に特別な関心を寄せ、イタリアですぐにキエーティでアブルッツォの地方総監に、それからコゼンツァでカラブリアの地方総監になった。両都市で彼はフリーメイソンの最高職位を引き受けた。フランスでブリオはフランシュ・コンテで活動していた「シャルボーニの良き従兄弟たちの秘密結社」のメンバーであった。この運動の最初の「商会」がブリオのアブルッツォとカラブリアへの到着とともに現れたので、いろんな意味でブリオはナポリのカルボナリの本来の創立者とみなされた。

カルボナリは急速に首都や地方都市の小市民や手工業者の間に広まった。このような急速な拡大は確実に簡易な儀礼のおかげであった。その儀礼はキリスト教信仰や石炭商人の守護聖人である聖ティボー崇拝に基づいていた。組織の部局は「商会」と呼ばれた。商会はいわゆる「親商会」に従属し、親商会はその立場からサレルノあるいはナポリの1つの「高位商会」に従った。博愛主義的で、独立した、立憲主義プログラムを代表する徒弟と親方の位階が存在した。1818年にならないうちに第三の位階、カルボナリの大棟梁が加わった。しかし、これはほんのわずかな選ばれし者しか得ることはできなかった。この位階は耕地分配や財産共同制を宣伝した。その政治的指向性のためにこの計画は注目を浴び、仲間内でも動揺を引き起こし、その結果、この位階は撤回されざるをえなかった。その代わりに、フリーメイソンを模範として7つの位階が登場し、新しい秘密結社は「ゲルヴィア」と名乗った。この結社は元々ラディカルな第三職階の計画に反

対する意図で結成された。カルボナリはナポリから教皇領、エミリア、トスカーナ、リグーリアで、またナポリ＝ポルトフェッラーイオ＝リヴォルノ＝ジェノヴァ間の海運ルートに沿って広まった。

ナポレオンのロッジは、オーストリア軍がロンバルド＝ヴェネトへ到着するとすぐに閉鎖された。しかし、その代わりに政治的な目的を持った一連の新しい秘密組織が登場した。北イタリアではとりわけブオナローティ[38]がジュネーブからもちこんだ「アデルフィ」、南イタリアではカルボナリの秘密結社がそうであった。この2つの組織のほかにも比較的小さな結社が存在しており、一部は自立的に、あるいは2つの大グループの主導の下で発生したものである。両結社は自分たちの活動を隠蔽し、警察の追跡を避けるために比較的小さな結社を利用した。

したがって、たとえば「スピッラネーラ」、「太陽の騎士」、「デチーズィ」のような、構成員がより大きな結社によって操られていることを知らなかった様々な組織が存在した。こうした組織はすべて明確な目的を追求していた。すなわち、共和国あるいは立憲君主国の建設と自由並びに外国からの独立である。ナポレオン失脚後、「アデルフィ」はピエモンテで為政者とそれまでナポレオンの決定的な敵対者であったブオナローティの帰還に尽力し、ジュネーブとグルノーブルから復古したブルボン朝に対する義勇兵の招集を支援した。同時にロンバルディアでは、オーストリアに対する最初の陰謀が形成されていた。その陰謀はとりわけ解散したナポレオン軍の将校によって担われ、その際に初めて「チェントリ」という結社が現れた。この結社はオーストリアの統治の排除とミュラあるいはサヴォイアのヴィットーリオ・エマヌエーレ1世の下での君主国建設を視野に収めていた。イタリアの政治状況は、いくつかの比較的小さな革命の試みを度外視するなら、1820年と1821年の大きな騒擾に至るまで平穏であった。

ナポリでは不満を抱く反乱者たちが、1820年にカルボナリによって焚き付けられた平和な大集会によって、国王から憲法制定の認可を獲得した。ペペ将軍率いるカルボナリの反乱は、とりわけ国王フェルディナンド1世の放漫財政に向けられていた。暴動者たちは農地改革を求め、この騒擾を残りのイタリアに広げようと試みた。こうした目標達成のために、密偵がピエモンテやロンバルディア、教皇庁に乗り込んでいた。転覆ははじめ成功したが、後にオーストリア軍によって鎮圧された。その際に共に決定的だったのは、ナポリの立憲制議会の大多数が穏健なミュラの古い支持者と裕福な大土地所有者から招集されていたことである。彼らは政治権力を君主と分け合おうと考えており、カルボナリの改革観念にはむしろ懐疑的に対峙していた。同じ時期にピエモンテでも外国の占領軍をイタリアから放逐するために反乱が勃発した。しかし、すでに非常に早い時期に蜂起者の間で諍(いさか)いが生じていたので、その反乱は失敗した。騒擾は神聖同盟の支配者たちを非常に不安にさせ、その結果秘密組織に対する厳しい処罰や裁判が続いた。特にロンバルド＝ヴェネトの秘密結社に対する裁判は「アデルフィ」と「フェデラーティ」のネットワークの広さを浮き彫りにした。ある代議人がミラノで逮捕され、すべての記録資料が警察の手に落ちた時、フィリッポ・ブオナローティと彼の組織は厳しい一撃を食らった。ブオナローティはその結果ジュネーブから追放され、ブリュッセルへと逃亡した。教皇領や両シチリア王国でも警察は秘密結社に対して厳しい措置をとった。しかし、南イタリアのカルボナリは、さらなる発展が示したとおり、壊滅させられなかった。

1820年代終わり頃すでに、上部イタリアと中部イタリアで新たに革命的な動きが表面化していた。1827年にマッツィーニ[39]がジェノヴァの「商会」「希望」の事務員として活動を始めていた。彼はジェノヴァからトスカーナおよびロンバルディアにまで人脈を広げた。ピエモンテでもカルボナリのグ

ループが亡命者とコンタクトをとっていた。そうした亡命者たちは外国で一部はカルボナリの古い組織を復活させ、また一部は新しい組織を作り出し、ブリュッセルでブオナローティと密接な関係にあった。再建された秘密結社の中でカルボナリは有力であった。カルボナリには1820年のナポリの反乱の記憶が強く結びつき続けていた。1830年の7月革命の勃発の際にブオナローティはパリへ急行し、そこで革命家たちと接触した。ほかの亡命者と一緒に1831年初頭に彼は「イタリア解放戦線」を設立した。それは民主主義的自由の時代にイタリア統一を目指していた。中部イタリアおよび北イタリアでも今や反乱が生じていた。ジェノヴァでは警察によってカルボナリの陰謀が発覚し、その指導者マッツィーニが逮捕された。さらなる騒擾がフィレンツェとモデナで生じたが、これらすべての反乱は、前にも述べたとおり、オーストリア軍の介入と厳しい警察の措置によって鎮圧された。

　数多くの愛国者がフランスに亡命し、そこから革命活動の再開を望んでいた。マッツィーニは服役期間中に、警察の追跡を逃れるために、これまで試されてきた秘密結社の方法を断念した新しい団体を計画した。彼は儀礼や式典がすべての会員の開かれた会話にとって邪魔になっていることを確認した。彼のモットーは「熟慮と行動」である。マッツィーニは1831年に強制居住地か亡命を余儀なくされ、後者を選びマルセイユへ向かった。そこで彼は「青年イタリア」という団体を創設した。彼らのプログラムは、外国支配から解放されたイタリアと普通選挙権に基づく統一的な民主共和国のための闘争を含んでいた。「青年イタリア」はすでに近代的な政党の性格を持っており、ゆっくりとイタリアのカルボナリ運動を押しのけていった。ブオナローティはまずこの新しい団体と手を組もうと考え、彼らの成功に基づいてねらいを定めた対抗措置を導入し、新しいイタリアのためだけの秘密組織（「本当のイタリア」）を設立した。これは確かにカルボナリの外形を断念していたが、秘密の指導および社会革命的な転覆という基本原則に固執していた。この新設組織は加えてイタリア国民運動に社会的な特徴を与えるという使命を持っていた。両組織とその指導者マッツィーニとブオナローティの違いはその際にますますはっきりと現れ、1833年に公然と反目するまでに至った。

訳者註解

1) **思弁的フリーメイソン**；石工を主体とする職能的な「実践的フリーメイソン」に対して、非職能的な近現代のフリーメイソンを区別するために使用される概念。第1章参照。

2) **ローレンス・ダーモット** Laurence Dermott（1720~1791）；1752年から「古代」の大ロッジの書記官をつとめ、1771年に大親方代理になる。

3) **ヘレドン**；ヘレドンとはスコットランド式フリーメイソンの中で大きな役割を担っている言葉である。これはスコットランドにあるというキルウィニング近郊の山の名前だといわれている。しかし、この言葉の由来については他にも複数の説がある。たとえば、テンプル騎士団のフリーメイソン騎士の遺産を暗示させるラテン語のheres（相続人）の属格であるHeredumを由来とする説、あるいは、Hirodom（聖なる家）やHierosdomos（神殿）を由来とする説もあった。

4) **ロイヤル・アーチ**；ロイヤル・アーチはアングロサクソンの国々では比較的重要な位階である。その由来はわかっていないが1740年代にアイルランドに登場し、1752年に古代派によって親方位階より高位の区分として導入されたが、近代派はこれを非公式なものとして扱った。イギリスで古代と近代という二つの修行方法の統一（1813年の団結）の際に「徒弟、職人、親方という3つの位階からなる真の古きメイソンは神聖なるロイヤル・アーチの至高の団体を含む」ことが決定され、ロイヤル・アーチは正式な位階となった。

5) **フリードリヒ・ルートヴィヒ・シュレーダー** Friedrich Ludvig Schröder（1744~1816）；ドイツの俳優、劇場監督、劇作家。フリーメイソンの改革者として今日まで多くのロッジで使われているいわゆる「シュレーダー式修行法」を体系立てた。第4章註9) 参照。

6) **国民・大母ロッジ**；フリーメイソンでは、新しいロッジを設立する場合、正規のロッジと認めてもらうために、大ロッジの認可を受ける必要がある。この新ロッジと大ロッジとの関係を親子関係に見立て、新ロッジを娘ロッジ、認可を与えた大ロッジを母ロッジと呼んだ。母ロッジは、18世紀において、憲章や独自規定に基づいて娘ロッジを設立する権限を行使したヨハネロッジを意味していた。

7) **AFAM**；「ドイツの古式公認フリーメイソンたち」、Alten Freien und Angenommenen Maurer von Deutschlandの略。

8) **「古き陸標」**；陸標とはフリーメイソンの骨格をなす基本理念、原則、制度の総称。

9) **主席親方**；英語圏のフリーメイソンでは「尊敬すべき親方」（Worshipful Master）がこれに相当する。

10) **光の持参**；ロッジ創設の際におこなわれる儀式。大ロッジから新設のロッジに光が渡される。

11) **ヨハン・アルント** Johan Arndt（1555~1621）；ザクセン＝アンハルトのバレンシュテットの学者、宮廷説教師。聖職者として活動する一方で中世の神秘主義やヴァレンティン・ヴァイグルと結びつき、ルター派正当信仰や教義論争の相手に対してキリストに対する主観的な信仰とそこから生まれる信徒の生活を強調した。たとえ彼の信仰と倫理の統一を強調する姿勢がルターよりもむしろ神秘主義から生まれたものであったとしても、彼は常に正当信仰を主張し、自分を正当なルター派教徒と認識していた。

12) **ヨハン・ヴァレンティン・アンドレーエ** Johann Valentin Andreae（1586~1654）；詩人、ルター派の神学者。ドイツの貴族の随行員としてドイツ、イタリア、フランスを旅行した。最後にアーデルベルクの総括教区管区長と修道院長となった。薔薇十字団にとって重要な著作『クリスティアン・ローゼンベルクの化学の結婚』の作者であり、『友愛団の声明』や『友愛団の信仰告白』の執筆者と推定されている。それ故「薔薇十字兄弟団」の創設者とみなされているが結論は出ていない。

13) **ヨハン・アムス・コメニウス** Johann Amus Comenius（1592~1670）；神学者かつ教育学者。モラヴィアで生まれ、ドイツで神学を収めたあとでヨーロッパ諸国に大きな影響を与えた。最初、百科事典編纂に没頭し、その後教授学に取り組み、最後には元からあった宗教的狂信の傾向がヘルボルン・サークルの終末論やパレウスの諸宗派和解説に触れることで強まっていき、信仰共同体の再建運動へ向かった。

14) **ミヒャエル・マイアー** Michael Maier（1568~1622）；キールで生まれ育ち、ロストック大学で哲学を学ぶ。おそらくここで後期人文主義の影響を受けている。その後、フランクフルト・アン・デア・オーデルに転校し、医学

を学び、最終的にバーゼルで医学博士となった。各地を遍歴しながら医者として活動し、1609年に皇帝ルドルフ2世の侍医となった。1611年のルドルフの権威失墜後は、短期間ヘッセン方伯モーリッツに仕えたあとでイギリスに渡り、ジェイムズ1世の宮廷に入った。1616年に再び大陸に戻り、出版活動に勤しんだ。錬金術に関する重要な著作を残している。

15) **クリストフ・ベゾルト Christoph Besold（1577~1638）**；テュービンゲンの法学者。テュービンゲンで法学を学び、そこでヨハネス・ケプラーとも友情を結ぶ。1600年にテュービンゲン大学の教授となり、法律、歴史、政治、宗教といった分野の重要な著作を残している。ヴュルテンベルク公ヨハン・フリードリヒから宗教政策の顧問として招聘されていたが、徐々にカトリックに転向していき、1635年にはカトリックに改宗した。30年戦争中にはカトリック側の立場でヴュルテンベルクにおける1629年の回復令実施を擁護する著作を記した。カトリックに親和的な態度をとっていたため、ルター派のテュービンゲン大学での教授職を追われたが、インゴルシュタットで教授職に就き、そこで作家活動を続けた。皇帝は1636年に彼に帝国顧問官の称号を与えている。

16) **クリスティアン・ローゼンクロイツ**；アンドレーエの作品中の登場人物。

17) **ヤーコプ・アンドレーエ Jakob Andreae（1528~1590）**；ヨハン・ヴァレンティン・アンドレーエの祖父にあたる人物。テュービンゲン大学で神学部教授および大学事務局長を務める。ドイツのプロテスタント諸国に強い影響力を持っており、各地でプロテスタント領邦教会の設立に関わっている。ヴュルテンベルク公の宰相として当地の宗派化に取り組んだ。

18) **『新アトランティス』**；新大西洋の真只中にあるベンサレムという哲学が支配する理想的な島国を舞台にしたフランシス・ベーコンの未完のユートピア小説。1627年刊。

19) **『太陽の都』**；27年間政治犯と異端という罪で監獄に拘置されていたイタリアの哲学者トマソ・カンパネッラが1602年に獄中で完成させたユートピア小説。1623年に刊行された。平等で共産的なシステムを取る理想的な国家「太陽の都」について描いている。

20) **トビアス・アダミ Tobias Adami（1581~1643）**；法学者、哲学者。1607年から1616年まで貴族ルードルフ・フォン・ビュナウの家庭教師を務め、1611年からビュナウの随伴者としてヴェネツィアからギリシア、バルカン、キプロス、シリアを通ってパレスティナまでの旅行に同行した。その帰途にナポリに立ち寄っており、そこで8か月間、獄中のカンパネッラと親交を深めた。その後、1616年にヴァイマール＝アイゼナッハ公に仕え、ヴァイマール公子の旅行の随伴者として訪れ、テュービンゲンでヴェンゼ、ベゾルド、アンドレーエなどと知り合いになった。

21) **ヴィルヘルム・ヴェンゼ Wilhelm Wense（1586~1641）**；リューネブルクの貴族で法学者。

22) **ヨアヒム・ユンギウス Joachim Jungius（1587~1657）**；リューベック出身の著名な数学者、自然科学者、言語学者。まずリューベックのカタリネウムで、1606年からロストック大学で学ぶ。そこで形而上学や新スコラ学に触れる。1609年から1614年までギーセン大学で純粋数学やその物理的な応用法や機械的な応用法を教授した。その後いくつかの職を経た後で、1629年からハンブルク学術ギムナジウムの自然科学の教授、学部長となる。自然科学分野に多数の著作を残している。

23) **ザムエル・ハルトリプ Samuel Hartlib（1600頃~1662）**；ドイツ、エルビング出身の商人。多くの知識人と交流を持っていた。1628年頃にイングランドへ渡り、コメニウスの汎知学を念頭に置き、ロンドンに人文主義的な協会を設立することを計画した。知識人の汎知学協会という彼の計画はイングランド議会に提出された。ハルトリプは、国家の支援を計算に入れてコメニウスをロンドンへ呼んだ。コメニウスは1641年から1642年までロンドンに滞在したが、交渉が決裂するとスウェーデンへと旅立った。しかし、ハルトリプはこの思想にさらに取り組んだ。1660年にウォーシングトン博士に次のような手紙を書いている。「私たちは望ましいアンティリア協会を助成し、ときおりマカリアと呼びました。しかし名称と事実は消えてしまったも同然です」。また他の手紙でハルトリプは自分の協会がかつてドイツで活動していたが30年戦争によって破滅したニュルンベルクの知識人協会を真似したものであると書いている。ハルトリプはいわゆる「見えない大学」にも関与していた。

24) **テオドール・ハーク Theodor Haak（1605~1690）**；翻訳家。王立協会の創立者の一人。

25) **「王立協会」**；ロイヤル・ソサイエティー。薔薇十字団の影響を受けたとされる「不可視の学院」の学術研究グループ「オックスフォード・グループ」を母体に1660年に設立された自然科学を中心とした学術団体。翌年国王チャールズ2世の勅許を受け、「王立協会」の名を与えられた。学術団体として現存するものの中では最も古いものである。

設立以降、イギリスの高名な科学者の多くが所属した。

26）**嘲笑 Ludibrium**；おもちゃ、お遊びを意味するラテン語のludusに由来する言葉。ヨハン・ヴァレンティン・アンドレーエが『化学の結婚』の中で頻繁に使用した。

27）**イライアス・アシュモール Elias Ashmole（1617~1692）**；イングランドのスタッフォードシャーにあるリッチフィールド生まれの古物収集家。自分の収集物を寄付することで現在のオックスフォード大学付属の美術館、考古学博物館であるアシュモール博物館（1683年開館）創立のきっかけを作った。アシュモールはピューリタン革命の際にも王党派であることを隠すことなく、以後も王党派として活動し続けた。1644年には王党派の徴税役人となるとともに、軍の指揮官にもなったが、議会派の主導が確立されると、オックスフォード大学のブレーズノーズ・カレッジで占星術と錬金術を学ぶなど学術に没頭した。王政復古後に、多くの王党派と同様に政治活動を再開させる。1660年6月10日に王家への長年の忠誠が認められ、紋章院のウィンザー中級紋章官に任命された。王立教会の設立者の一人としても知られる。

28）**ジンツェルス・レナトゥス Sincerus Renatus（ザムエル・リヒター Samuel Richter）（17世紀末~1722）**；シュレジェン生まれの神学者、錬金術師。医師としても活動した。黄金薔薇十字団のメンバーとして知られている。

29）**ヨハン・ハインリヒ・シュミット Johann Heinrich Schmidt（1700~1777）**；スイス、ベルン州のフットヴィール出身の物理学者とされる。ある侯爵の宮廷で賢者の石についての講義で一財産を築いた。1716年ころにハンガリー（現ルーマニア）のテルメシュヴァール（ティミショアラ）で軍医の助手となり、錬金術を学んだ。のちにインスブルック出身の男爵プルッグ・フォン・プルッゲンシュタインという人物と知り合い、彼からさらなる教えを得た。何人かの研究者によると、1749年にヘルマン・フィクトゥルトという偽名で『窒素と炎』を公刊したとされる。ただし、ヘルマン・フィクトゥルトの正体については異説もあり、確定に至っていない。

30）**エマナチオの教え**；「流出説」。新プラトン主義やグノーシス派の宇宙論の中で主張される創世論の一つ。世界が完全なる一者からの段階的流出の過程で生み出されたと唱えた。無からは何も生じないという前提に立っており、キリスト教の創世論とは本質的相違がある。

31）**アダム・ヴァイスハウプト Adam Weishaupt（1748~1830）**；インゴルシュタットの哲学者、著作家。イルミナーテンを設立したことで知られる。7歳の時からイエズス会神学校で学び、才気あふれた態度で教師たちを魅了したが、その学校教育には不満を持ち、後のイエズス会敵視につながった。15歳でギムナジウムを卒業すると、大学で法学、国家学、歴史、哲学を学び、フランス啓蒙主義にも親しんだ。1768年、弱冠20歳で法学博士となる。1772年にイエズス会の廃止を受けて、インゴルシュタット大学で教会法の教授となる。1775年にフェーダーの実践哲学についての講義を任され、それによってイエズス会系の神学や哲学に対する本質的な敵対者となった。1777年にミュンヘンでフリーメイソンのロッジに加入している。1785年3月2日にバイエルンでイルミナーテンとフリーメイソンが同時に禁止されると、ヴァイスハウプトはバイエルンを追放され、インゴルシュタットを去り、レーゲンスブルクを経由してゴータ公エルンスト2世の庇護を求めた。その後、著作活動を通してイルミナーテンの擁護をおこなった。1830年に83歳で亡くなる。

32）**アードルフ・フォン・クニッゲ男爵 Adolph Freiherr von Knigge（1752~1796）**；ニーダーザクセンの貴族の出であり、ハノーファーの父フィリップの所領でシュレーゲル兄弟によって教育を受け、1769年からゲッティンゲンで法学を学ぶ。しかし、1766年に父が多額の借金を残して亡くなり、クニッゲ家の所領は差し押さえられた。1771年にカッセルの軍事局・所領管理局の士官候補生および官房試補に任命された。1776年に陰謀に巻き込まれ、カッセル宮廷を去り、しばらく各地を放浪しながら学問に身を捧げた。1777年にヴァイマールで侍従になり、同年、ヘッセン公子の宮廷の侍従および素人演劇劇場の監督としてハーナウへ招聘された。しかし、多額の借金と陰謀により3年後にはこの宮廷を去り、1780年にフランクフルトに、また1783年にはハイデルベルクに移住した。その後1787年に金銭的事情で故郷ハノーファーに戻り、1790年まで滞在し、その後、ブレーメン大公国の代官、長官、付属神学校長に任命された。この成功に満ちた最晩年に関しては政治的な陰謀や争いのために隠滅されてしまった。クニッゲは様々な秘密結社に属しており、ヴァイスハウプトのイルミナーテンのほかにも、父の家やゲッティンゲンでフリーメイソンにも触れており、カッセルで厳守派のロッジに入会し、その後、ドイツ・ユニオンにも所属した〔第1章註18）も参照〕。

33）**カール・フリードリヒ・バールト Carl Friedrich Bahrdt（1741~1792）**；オーバーラウジッツ出身の福音派神学者。ライプツィヒやエルフルト、ギーセンなどの大学で文献学の教授として働く一方で、ペーター教会の説教師、聖

書解釈作家、教師として活動するが、その啓蒙的理心論的文書により解雇される。バールトはハレで旅館を営み、小さなロッジを運営していた。啓蒙的協会「22人のドイツ・ユニオン」を形成する試みは、裁判問題となった。バールトは喜劇「宗教勅令」で、当時のプロイセンの大臣ヴェルナーを攻撃して、2年間の禁固に処せられた。

34）ヨハン・クリストフ・フォン・ヴェルナー Johann Christoph von Wöllner（1732~1800）；市民階層出身のプロイセンの政治家。1786年のフリードリヒ・ヴィルヘルム2世即位後、政府の要職に就き、貴族に叙任された。反動的な宗教勅令の発布（1788）にその影響力を見ることができる。そうした政策によりヴェルナーは、フリードリヒ2世（大王）下で行われた啓蒙的寛容的精神を破壊してしまったといわれる。フリーメイソンに関しても、大きな被害を与えた。1766年彼はベルリンのロッジ「協調」に受け入れられ、長官として厳格な指導をおこなった。イルミナーテンに対しても彼はそれを革命的無神論的セクトとして「飢えた狼」「精神的殺人者」と呼んだ。1797年のフリードリヒ・ヴィルヘルム2世死後、政権を退き、自分の所領に隠遁した。

35）ヨハン・ルードルフ・フォン・ビショッフヴェルダー Johann Rudolf von Bischoffwerder（1714~1803）；テューリンゲン出身のプロイセンの軍人。7年戦争でプロイセン軍に参加した後に、1764年にザクセン選帝侯に仕え、そのときに厳守派のフリーメイソンに加入する。1778年にオーストリアとの戦争で軍を指揮した。神秘主義的な思想に傾倒し、薔薇十字団に加入し、1781年に当時のプロイセン王太子フリードリヒ・ヴィルヘルムを薔薇十字団に勧誘した。1786年にフリードリヒ・ヴィルヘルムが即位すると、影響力のある顧問官の一人として権勢を振るった。

36）アントワーヌ・クリストフ・サリセティ Antoine Christophe Saliceti（1757-1809）；コルシカ生まれのフランスの政治家、外交官。フランス革命およびナポレオン政権の時代に活躍した。ナポレオンの命により、ナポリ王となったジョゼフ・ボナパルトに従い、ナポリ王国に行った。最後は毒殺ともいわれる謎の死を遂げた。

37）ジョアシャン・ミュラ Joachim Murat（1767~1815）；フランスの軍人。ナポレオンの義弟で腹心の一人。スペイン王となったために王位を離れたジョゼフ・ボナパルドの後を継ぎナポリ王となった。

38）フィリッポ・ブオナローティ Filippo Buonarroti（1761~1837）；トスカーナ出身のフランスの革命家。1793年にフランス国民となる。ロベスピエールの支持者であり、1796年からフランソワ・ノエル・バブーフをめぐる陰謀の首謀者の一人であった。終身追放の判決を受け、1806年からジュネーヴで警察の監視下での生活を余儀なくされる。将軍クロード・フランソワ・ド・マレの陰謀後、1813年にグレノーブルに追放される。帝国の崩壊の際、彼はジュネーヴに戻り、100日天下の真新しいナポレオンの計画に共感を覚えた。1815年からは私有財産の廃止や同権の実現をめざす多くの秘密結社を組織し、指導した。また、フリーメイソン、カルボナリ、真のイタリア、1821年のピエモンテ同盟、フランスのカルボナリのメンバーであった。1823年にオーストリアの圧力でジュネーヴを追われ、ジュネーヴ西部のリュッサンを経てブリュッセルへ移住した。1828年に『平等のためのいわゆるバブーフの陰謀』を刊行し、バブーフの思想を理論的に明らかにした。1830年7月革命後、パリへ帰り、そこで生涯を終えた。

39）ジュゼッペ・マッツィーニ Giuseppe Mazzini（1805~1872）；ジェノヴァ生まれの政治活動家。1827年にカルボナリに入党するが、1830年に逮捕された。翌年、流浪の身となりながら、マルセイユで「青年イタリア」を結成し、リソルジメントの指導者として外国で一生のうちのほとんどを過ごした。1834年2月にはスイスからサヴァイア進軍を計画したが、これも失敗に終わった。同年4月には「青年ヨーロッパ」運動を、1835年には「青年スイス」運動を起こし、ヨーロッパの革命勢力に大きな影響を与えた。1837年にロンドンへ移住した。1848年にミラノ革命が起きると、イタリアに帰還し、新たに建国されたローマ共和国で執政官のひとりに選ばれた。しかし、オーストリアのラデツキー将軍によって革命が敗北すると、再びロンドンに亡命し、ヨーロッパ民主中央委員会を結成し、民主主義運動の組織化に尽力した。イタリア国内では1853年に行動党を設立し、1857年にジェノヴァで蜂起を試みるが失敗し、彼の運動勢力は弱体化していった。イタリア統一の際には、カブールと対立し、共和制の実現を試みるも失敗し、1864年またロンドンに亡命した。そこで第一インターナショナルの設立にも参加した。

第4章

フリーメイソン、政治、教会、反メイソン主義

1. フリーメイソン、国家、政治

　フリーメイソンと国家との関係は、『旧き義務』の中ですでに次のように規定されている。「フリーメイソンは自らが住み働いている場所の市民権力の忠実な臣民であり、市民の平和と安寧に対する謀反や陰謀にかかわってはならないし、支配当局の命に反する行動をおこなってはならない。というのは戦争や流血事件、不穏はフリーメイソンにとっては常に不利に作用するからである。つまり古来より国王や領主たちは、ギルド成員の静穏と市民的忠実を奨励し、敵対者の苦言に対処し、同胞愛の栄誉を促進しようとしているからである。そしてそれは平和時に栄えるからである。」(Die AltenPflichten『旧き義務』Ⅱ) はっきりと強調されているのは、兄弟たちが平和を促進し、融和を義務として、一致と兄弟愛を追求することである。そうした意味でフリーメイソンは国家の礎であった。しかしそのことは、彼らが人類愛に対する違反を受け入れているわけではない。しかしながら国家はフリーメイソンを様々な方法で扱ってきた。それを禁止したり、許可したり、保護したりした。国家による禁止は特にカトリック教会のフリーメイソンに対する態度、あるいは絶対主義や全体主義的統治と関連していた。

　フリーメイソンは確かに、フランス大東社の例外を除いて、非政治的であったが、個々の会員は積極的に政治活動をおこなう自由を持っていた。しかしフリーメイソンの歴史が示すように、フリーメイソンはその目的、その成員の人道的行動によって、間接的に政治に影響を与えていた。それ故、フリーメイソンは社会的形態としては啓蒙主義の一部を形成していた。両者はその構成上の類似により、絶対主義制度に対する独特の対応を示していた。絶対主義的貴族や金融市民、哲学者、社会的には認められているが政治的な影響力を持てずに絶対主義的国家機構において適切な場を見つけられなかった人々は、取引所や図書館、文学的集まりや教育機関に集まり、芸術や文化、学問活動を追求していた。そうしたグループによる独立した政治活動の試みは、国家秩序に不安を感じた国家の前に挫折していった。そうした中で最後に残ったのが、絶対主義的支配の要求に対応し、同時に対抗していたフリーメイソンであった。それは新たな市民層に「絶対主義国家における典型的な間接権力の形成」(Reinhart Koselleck〔ドイツの歴史・政治研究者〕)を提示したのである。

　フリーメイソンは一種の精神的中庭を創ったのであり、彼らはそれを意識的に外界から隔離しようと試みた。原石を磨き、成員を光の段階に押し上げる「国王の芸術」は、社会的共同生活の合理的計画から神秘的思考に至るまでの幅広い尺度を提供した。フリーメイソンは古代神秘主義の合理的再生と教会と国家から独立した独自の位階制から形成された。それは、市民社会に対応した新しい組織形態を打ち立てた。社会存在論的には、レッシングがその作品「エルンストとファルク」[1]の中のフリーメイソンの対話で少々大袈裟に表現している。そこではロッジの社会的市民的役割が取り上げられている。市民たちは、社会的には認められているが政治的には部分的に排除されている貴族と一緒になって社会的平等の基盤に基づく共同目的の基盤を創り出したのである。ロッジでは身分的な差別はすべてなくなり、そのことによってフリーメイソンは、現存する絶対主義の社会機構と対立していたのである。しかしながらそれはまだ絶対主義国家と根本的に矛盾する立場を提示するものではなかった。ロッジにおける社会的平等は国家の外部での平等であった。フリーメイソンはロッジの中では国家権力の下

の臣民ではなく、人間の中の人間と感じていた。こうした国家からの自由は、確かに、フリーメイソンの中では本来政治的なものであった。というのは、彼らはその独立と平和を、政治的ないし教会的権限の外にある領域で実現できていたからである。彼らの「秘密」は教会や国家に対する決定的な保護機能を持っていた。そうした機能は精神的領域では、道徳と政治の分離に対応していて、それは1723年の『旧き義務』に規定されていた。支配的政治から身を引くことの背景には、既存の党派を超えて新たな社会的統一体を実現する意図があったし、個々の成員の間では実際に政治と緊密にかかわり、その実現に従事する者も現れた。

絶対主義国家における市民的自由は、それが、保護された中庭に限定されている限りにおいて実現できた。市民と貴族は、そうした中庭から出て、私的協会を結集したりしたが、それらもフリーメイソン的性格の枠内に留まっていた。共通の「秘密」への参加が兄弟間の平等を保障し、身分的格差をならしていた。外界からの隔絶と現存の社会的、宗教的、国家的秩序への批判的立場を通じて1つの新しいエリートが成立した。世俗的外界と精神的中庭との間の分離は最終的には社会自体に転化され、指導理念における相違を招いた。様々な段階（認識段階）において一種の水門システムが作られ、中に向かって、さらに内部では上部に向かって水門は解放されていったが、下方ないし外部に向けては解放されていかなかった。

18世紀以降のフリーメイソンの重要性は、その「精神世界の社会機構」としての重要性が示すとともに、フリーメイソンがその精神的目標のために、必然的に国家政治の領域にもかかわるが故に、多くの政治家たちがロッジに参加したことが示している。フリーメイソンはその社会的結集によって、絶対主義的国家における重要な間接的権力を手にしたのである。彼らは確かに直接的に政治にはかかわらなかったが、その間接的権力は主権者を精神的に脅かしたのである。

フリーメイソンは、「王朝的、身分制的文化の腐蝕」に少なからずの影響を与え、新たな上層市民文化の成立に寄与した。啓蒙と秘密はフリーメイソンの理解では矛盾するものではなかった。秘密は「一つの組織的……並びにシンボル文化的偉大さ」として、一定の「社会文化的転換力」を内包し、封建社会から市民社会への構造的転換の枠内で、市民層と貴族の一部に解放的視角を提供したのである。

それに加えて、ロッジの中で発展し始めたばかり

イグナーツ・フォン・ボルン；ヨーゼフ2世時代のオーストリアのフリーメイソンの指導者。シカネーダーとモーツアルトの『魔笛』のザラストロのモデルといわれる。第4章註5）を参照。

の民主主義的可能性、それは身分制的な水平化だけではなく、ロッジにおける社会的平等と「人間の中の人間」という人道的原則を宣言するものであったが、それだけではなく、自己秩序、自己支配を宣言した。それにはかなり強く主張された意思形成の形態が認められるのだが、それは同時に現存する政治的組織に反対し、身分制的に構成された国家に対抗する民主主義への明確な賛意表明であった。例えば1784年のオーストリアの地方ロッジおよび大ロッジの憲章の中には次のように述べられていた。

基本法
Ⅰ．フリーメイソンはその憲章においてもロッジに対する関係においても民主的な団体であり、各ロッジは民主的なものである。
Ⅱ．ロッジの共通の任務は広い意味での慈善である。
Ⅲ．慈善のやり方とその実現の方法を教えるのがフリーメイソンの教えであり、フリーメイソンは独自の印や文字、シンボルを保持している。
Ⅳ．ロッジにおける相互関係と結社に対する関係の規定は規定の中に定められている。個々のロッジの独自の規定はロッジ法によって定められる。
Ⅴ．民主主義的な全体組織は、それが全体の基本規定に矛盾しない限り、個々の組織の内部規定にかかわるものではない。同様に、基本規定はそれが全体に影響を与えるものではない限り、個々のロッジにかかわる問題を規定してはならない。すなわち、ロッジ法は基本規定書には入れない。

(Verfassung der Provinzial-und Großloge von Österreich, 1784, 「オーストリアの地方および全体ロッジ規定」Wien1878, S.8ff.

この規定は、後の民主的規約の重要な前段階を示し、政治的には後期啓蒙主義の民主的な萌芽を読みとることができるし、そこには1784年に設立された大ロッジの専制を排除し、個々のロッジとその成員の自治を守ろうとする努力を見ることができる。

フリーメイソンの多くのロッジ規定や文書はしばしばその目的を次のように指摘している。すなわちフリーメイソンの目的は、「信仰や民族、出自、社会的立場あるいは物質的所有の相違にかかわらない人間の提示を第一とする」と。

民主主義的萌芽は、人間の自然的平等というフリーメイソンの公準にも見られる。しかしながらそれは実際の社会的不平等と矛盾していたが、啓蒙主義者には一般に不可避的なものとみられていた。そうした考え方は、1789年以降ようやく変化した。というのは今やフリーメイソンの一部は、フリーメイソン的人道主義の目的を実現するためには平等は現実の政治の領域ででも実現されなければならないと考えていた。しかしその方法はアンビバレントなものであった。何人かの者はまだ啓蒙主義的な改革に留まっていたが、急進的なロッジ成員は、革命的な変革を原則的には否定していなかった。しかしながら、自由主義的啓蒙主義者は、1789年以降でも政治的な帰結については、口をつぐんでいた。それは実行することが困難であるという理由からだけであったが。

しかしながら規約だけではなお、社会生活が矛盾なく行われることを保証するものではなかった。つまり、フリーメイソンの組織の中でも、特にその上層部においてはなお、寡占支配や部分的には厳格な内部支配が存在したのである。しかしながら決定的であったのは、機構的変更はすべての成員の多数の承認を必要としたことである。規約は兄弟たちの平等を保証し、彼らの間では身分、出自、信仰はもはや決定的役割を果たさなかった。そのことによって、様々な身分や職業の人々がロッジでは、平等な

発言権を持ち、彼らの意見を自由に発言できる可能性が生じた。しかしそれは、公的社会における平等ではなく、そこでは相変わらず身分的相違が保たれていた。

　公には、フリーメイソンは政治的に影響力のある組織であると、過大評価されてきたし、現在もされている。ロッジの存在も政治的に意味を持つものとされていた。フリーメイソンの目的の転換の中で、兄弟たちは歴史的には常に人権、人間愛、寛容を追求し、それらを宗教、人種、階級、民族、国家所属を超えておこなってきた。そうした考えから、彼らは全体主義的教条主義的システムに不安を与えてきた。フランス大東社は自らを政治的フリーメイソンと理解し、そこでは政治の禁止事項はなかった。それ故に、大東社はイギリスの大ロッジシステムの承認を受けることができず、正規なものとみなされなかった。しかしながら、一般に、フリーメイソンは決して国家権力やいわんや世界支配を獲得しようというような野望を持ったことはないことを確認しなければならない。そうした主張は反フリーメイソンの文書により主張されたものであった。フリーメイソンは、日常政治においても何らかの役割を果たすこともなかった。フリーメイソンは組織として非政治的であった。それは、彼らが政治にはかかわらなかったからである。しかし彼らの固有の行動やその人道主義的思想により彼らは社会の現状を不十分なものと感じていた。そうしたことから、彼らを間接的な政治団体と理解することもできるだろう。確かに彼らはその原則にしたがって社会の人道化、一般的人類愛の聖堂を築こうとしていたのだから。

2. フリーメイソンと文化

　文化的発展に関連してのフリーメイソンの役割については、今日様々な議論があるところである。イギリスでは、旧来の建築小屋（ロッジ）の作業員たちが、すでに17世紀に次第に貴族のパトロンや自然科学者たちを受け入れていった。そしてそのことを通じてその実態を大きく変化させ、1700年頃には、手工業者の数はすでにかなり減少していた。「受け入れられた石工」においては、特に自然科学のイギリスアカデミーであった「王立協会」[2]との緊密な関係が顕著であった。そのことから（彼らの）厳格な学問への関心と寛容への努力が認められる。その関連では、フランスから追放されたジョン・シオフィラス・デザギュリエ[3]の名を挙げることができる。彼は英国教会の司祭で勝れた自然科学者であり「王立教会」の会員であった。1719年に彼はイギリス大ロッジの第三大親方となりジェイムズ・アンダーソンの憲章に影響を与えプリンス・オブ・ウェールズ（皇太子）の叙任司祭として最初は高位貴族に、後には公爵家の一族と、例えばロートリンゲン公フランツ・シュテファンとの結びつきを持った。この長老派司祭アンダーソンはイギリス大ロッジからその憲章の編纂の要請を受けた。その歴史的発展に関する第一巻は「幻想的組織」を描いていて、しばしば空論を導くが、その第二巻はフリーメイソンの基本法（規定）を含み、その組織を超えて、今日もなおフリーメイソンの基盤を提示している。

　二人目のスコットランド人アンドリュー・ミッシェル・ラムジー[4]は1737年にパリでフランス大ロッジの講演者として講演をおこない、そこでフリーメイソンにおけるスコットランドの重要性を強調し、騎士団とのつながりを語った。そのことによって彼は、その後のフランスにおけるフリーメイソンの隆盛に寄与した。さらに彼はまた、ある一般百科全書におけるフリーメイソンの項目に協力参画したが、それは

モーツアルトとウィーンのロッジ；ウィーンのロッジ「戴冠された希望」の様子を描いた絵画。1790年2月15日の会合とされる。拡大図の右端がモーツアルト、その隣がシカネーダー。

啓蒙主義の精神的成果であり、当時の学問の要約、普及に役立った。宗教と政治を除外するという『旧き義務』の規定は支持者の枠を拡大し、彼らの思想的自由を保障することに確実に寄与した。文化的諸関係にとっては提携の国際性は特に重要であった。

フランスにおいては数多くのフリーメイソンが啓蒙主義運動の拡大に参画していた。フリーメイソンが参加したもっとも重要な学問的文化的作品は百科事典の作成であり、それはイギリスのチェンバーの前例に刺激されてのことであった。こうした大規模な計画への参画によって、その協力者たちは宗

教、倫理、国家学の諸問題において幅広い合意を獲得した。百科全書派の人々のグループからは、最終的にはパリに「新姉妹」というロッジが成立し、それは「哲学者ロッジ」とも呼ばれた。ウィーンではイグナーツ・フォン・ボルン[5)]の指導下にあった「真の調和」というロッジが大きな影響力を持った文化的中心となった。ボルンはヨーゼフ２世時代のもっとも卓越したフリーメイソンの一人に数えられる。彼はそのロッジからフリーメイソンの科学アカデミーを創ろうと思った。文筆家、芸術家、学者、音楽家たちがこのロッジに集まったが、彼らは当時のウィーンの名声ある人々すべて網羅していた。彼らによって発行された『フリーメイソンジャーナル』は大きな影響力を持ったが、その中でボルンは、彼のロッジの新たな方針のための綱領を創案した。「真実と英知と全人類の至福の促進が我々の結社の本来の最終目標ではなかったか？」(Journal für Freimauer 1-1,1784)このジャーナルは組織の中心であるとともに通信手段ともなり、1784年から1786年の終わりまで、年4回発行され、「教育ロッジ」でおこなわれた特別講演や詩、フリーメイソン問題に関する布告などを内容とした。ボルンは上記の「教育ロッジ」の設立と発展にかかわり、その枠内で道義やシンボルの規定や学問的テーマを追求しようとした。この雑誌は特にフリーメイソンの自己理解の促進と深化に寄与した。

フリーメイソンの観点による文化とは、各自の人間的能力の開化、人間的個の純化と完成を意味していた。人間の完成とは常に高度なレベルでの自己認識、克己に達することを意味した。フリーメイソンはまた「国王の芸術」という重要な概念を持っている。それはアンダーソンの基本法において、すべての芸術の中で最も高貴ですぐれたものとしての建築技術に与えられた呼び名である。後にはフリーメイソン自体が、国王の芸術と性格づけられた。というのは彼らは自らが銘記した基本法の品位をこの上なく評価し、それを人生の芸術と理解したからである。そうした意味で、人は如何に人生を意味のあるものとして形成しうるかという道を示すという目標を持っている。そこにおいては、特に存在の美学が中心的役割を果たす。生の芸術は規格に従うことを通じてではなく、個の維持を通じて構成される。それはさらに、自らの生を個人的芸術作品として創り上げることを意味している。

フリーメイソンにとっては、芸術は認識可能な限界で動いていて、その限界をしばしば乗り越え、全体を可視化、聴化、認識可能、知覚可能にしようと努力する。芸術は経験と理解の問題を通じてフリーメイソンたちを結びつける。芸術に対する最も強い親近感はしばしば原石のシンボルと比べられる。すなわち芸術家は芸術作品に働きかけ、フリーメイソンは原石に働きかける。

フリーメイソンの活動における文化的意味は、昔も今も、まず第一に、できるだけすべての信仰告白と、様々な社会的政治的見解を寛容という形で統一することにある。それはシンボルと儀式の義務と深化によって、そして話や歌曲、詩や文学、絵画やガラス、陶器作成、メダルや銅版彫刻(それらは部分的には名の通ったフリーメイソンの作家や詩人音楽家、芸術家によって創られたものであるが)を通じておこなわれ、さらにはなお、数多くの教育者団体、学術組織、大学におけるフリーメイソンの学問的創造や諸活動が加わる。また、再生システムとしての演劇もフリーメイソンでは、儀式や儀式活動のドラマ化の形で重要な役割を果たしていた。

フリーメイソンの活動は、その教義に関する広範な文献、規律制度、歴史そしてその慣習を持っている。それらに加えて、歌唱集や論争書や背信者書物がある。そうした数多くの出版物を系統的に集め、整理する試みはすでに18世紀におこなわれていて、ヨハン・ゲオルク・クロス[6)]がようやく概観的まとめを編纂することに成功した。こうした重要な

仕事はその後ラインホルト・タウテ[7]の書誌学に結実した。今日ではこうした研究は、特にアウグスト・ヴォルフシュティーク[8]のフリーメイソン文献目録を嚆矢(こうし)とする。多くの重要な詩人や文筆家たちは、その中には例えばレッシングやゲーテ、ヴィーラント、ヘルダーなど多数のフリーメイソンがいるが、彼らはその著作の中でフリーメイソンのテーマを扱っている。彼らと対立するのはフランスの啓蒙主義者ヴォルテールであり、彼は多くの同時代人を愚弄嘲笑しているが、それは博愛主義的なロッジ兄弟の理想像には決してそういうものではなかった。フリーメイソン的テーマが演劇で取り上げられることは、様々な文献の例が示すところである。劇作家や俳優、例えばハンブルクの舞台監督フリードリヒ・ルートヴィヒ・シュレーダー[9]などもフリーメイソンに影響を与え、特にシンボル言語、教授法、儀式典礼に関与し、それらの改良をおこなった。

ここで最後になお、触れておかねばならないのはフリーメイソン音楽、フリーメイソン歌唱、食事の歌である。それらは儀式や儀礼行事で歌われたものである。フリーメイソン音楽のもっとも素晴らしい財産はW.A.モーツアルトが与えてくれた。彼は歌劇『魔笛』の他に彼のロッジのために一連の歌唱やカンタータを作曲している。

ここに述べた文化的成果にもかかわらず、フリーメイソンの文化に対する影響に関して過剰な評価や性急な結論を出すことは戒めなければならない。アムンゼンやスコットは、フリーメイソンであったから南極探検に旅立ったのではないし、チャールズ・リンドバーグはフリーメイソン的動機から大西洋を渡ったのではない。オスカー・ワイルドもマーク・トウェインやアンドレ・ジードもフリーメイソン的動機によってものを書いたのではなく、クルト・トゥフォルスキー[10]はロッジに属していなくとも彼の作品を纏めたであろう。その限りでは、文化的人物を過剰にフリーメイソンと結びつけることは控えなければならないであろう。それは多くの政治家にもいえることである。

3. フリーメイソンと教会

教会とフリーメイソンの間には、18世紀以来ほとんど埋めることのできない大きな亀裂が存在する。フリーメイソンは最初から猜疑と妨害、迫害に晒されていた。教皇の最初の大勅書以前に、フリーメイソンと秘密結社に厳しく反対し、それらを酒飲みのどんちゃん騒ぎであり、その集まりに女性を参加させないことを理由にそれは男色であると訴える刊行物も現れていた。そうした疑惑と拒否的な雰囲気の中で、教皇庁は1737年夏にフリーメイソン問題をまとめた。最終的には教皇クレメンス12世が1738年にフリーメイソンを弾劾する大勅書「イン・エミネンティ(In eminenti)」[11]を発効した。その詔勅は次のような文章で始まる。「我々の不品行にもかかわらず与えられる神の思し召しにより、使徒の最高位に召され、我々に委ねられた司教職に忠実に従い、神の恩寵により我らに与えられた力の範囲で、我々は、過ちや悪習を避けるよう気をつけ、正しい正統な信仰の純粋性を守り、かくも困難な時代にカトリック世界から混乱を打ち払うよう注意を払って来た。公衆の噂により我々が知ることになったのは、一般にフリーメイソン(Liberi MuratoriないしFrancs Masson)と呼ばれ、他の言葉によれば別の名を持つある結社、集団、連合、集まり、秘密団体があり、そこでは一般的な公正や福祉を心がけながら、緊密で謎めいた契約並びにに自分たちで創り出した法や規約により相互に結びついている。そ

マリー・アントワネットと女性フリーメイソン　フリーメイソンは、その『旧き義務』以来、ロッジに女性を受け入れることを禁止していた。女性の石工はいなかったという理由が根拠ともなった。1785年のドイツのロッジでも「フリーメイソンの心は女性に開かれているが、ロッジは彼女たちに閉じられている」と述べていた。18世紀中頃以降、次第に女性への解放が進み、最初はフランスにおいて男女を成員とする「養子縁組ロッジ」なるものが現れ、マリー・アントワネットがそれに所属していた。19世紀後半には混合ロッジ「第三の人間」は16人の女性を受け入れ、それは各国に広まっていった。20世紀の初めにはまずイギリスで最初の「女性ロッジ」ができ、各国に発展していった。ドイツでは1949年に女性ロッジ「人間性」が設立され後に大ロッジに格上げされ、15の支部を持つまでになった。しかし、公式には「女性ロッジ」は認められていない。下図は1937年のロンドン女性メイソンの集会。女性受け入れを要求した。

の中では、彼らの行動はすべて厳密に秘密とすることが聖書にかけての誓いと重い刑罰の脅しにより守られている。そうした集団が、広く拡大し、近年ますます広がっているという。しかしながら、そうした犯罪は、自ずと露見し、助けを求める叫びにより明らかになるので、上記の結社や秘密集会は信者たちの間に強い疑いの念を呼び起こし、真っ当で知恵ある者はそうした結社に加わることは倒錯と悪意の汚名を受けることになるという強い疑念を抱かせている。なぜなら、彼らが悪をおこなっているのでないならば、彼らは光を避けることはないからである」(Charles von Bokor, Winkelmaß und Zirkel, Die Geschichte der Freimaurer,『定規とコンパス。フリーメイソンの歴史』131頁以下より引用)。

ローマ教皇とフリーメイソン；ローマ教皇は最初からフリーメイソンをキリスト教の神を否定するものと疑っていて、1738年には教皇クレメンス12世がフリーメイソンを弾劾する大勅書「イン・エミネンティ」を発表し、その後何人もの教皇がフリーメイソンを攻撃し、破門する勅書を出している。19世紀の初めの1814年にはピウス7世がフリーメイソンを国家にとって危険なものとして破門を宣言して、その後、破門令や禁止追放令が継続し、19世紀には両者の対立は激化していった。下記年表参照。右は教皇ピウス7世。

ローマ教皇による反フリーメイソン勅令年表

1738年	クレメンス12世「イン・エミネンティ」；フリーメイソンへの弾劾
1751年	ベネディクト14世「プロヴィダス」；フリーメイソン破門勅令
1821年	ピウス7世；フリーメイソン破門勅令
1826年	レオ12世；反フリーメイソン勅令
1829年	ピウス8世；教皇就任表明に反国家的結社の禁止
1832年	グレゴアール16世；自由主義と信仰無差別発言
1846年	ピウス9世；政治プログラム的回勅
1849年	ピウス9世；イタリアの諸問題と秘密結社に関する発言
1864年	ピウス9世；反宗教的自由回勅「我々の時代の主要な誤謬」
1865年	ピウス9世；反秘密結社反フリーメイソン回勅
1869年	ピウス9世；新教会規律，フリーメイソン問題
1873年	ピウス9世；イタリア，ドイツの教会に対し，フリーメイソンを「悪魔の手先」の発言
1882年	レオ13世；イタリアに対し，反フリーメイソンの態度
1884年	レオ13世；「フマヌス・ゲヌス」フリーメイソン非難の回勅
1890年	レオ13世；イタリアのフリーメイソン非難発言
1892年	レオ13世；イタリア国民へ「フリーメイソンについて」
1892年	レオ13世；司教への「イタリアのフリーメイソンについて」
1894年	レオ13世；信仰の統一について
1902年	レオ13世；フリーメイソンによる教会迫害に対抗
1983年	ヨハンネス・パウロ2世；フリーメイソンに対する教会の不変の態度

こうした判断を正当化するためには多くの論拠が挙げられている。

1. 教皇は、すべての宗教と宗派の違いを超えた人間というフリーメイソンの考え方は信仰無差別論を生み出すのではと恐れた。
2. 教皇は、フリーメイソンが厳格な秘密保持を誓約で義務づけていることに不安を覚えたこと。秘密の儀礼、認識記号、結社員リストを持った結社は、あらゆる宗派の絶対主義領主にも受け入れ難かった。
3. フリーメイソンは、教皇はご存知だが言わずにいる、具体的には述べられない理由により、有罪判決を受けなければならない。

最後の三つ目の判決理由に関しては、今日まで研究の中でいろいろ憶測されている。

メロー[12]はこの関連で次のようなテーゼをたてている。すなわち、教皇は（イギリスの伝統的王朝）スチュワート朝を支持していて、そのためこの大勅書により、大陸のハノーファー朝のために活動していたロッジを標的としたという。全体的に見れば、この教皇の大勅書は確かに、絶対主義的諸侯に対する政治的考慮と結びついた神学的神父的配慮を持った結論を持つが、それらの論拠を見てみるとそれは疑わしいだけではなく、その全体的判断から問題であったとみなされる。この大勅書はスペイン、ポルトガル、ポーランドの教皇地区にのみ公表され、それらの地域にのみ法的効力を持った。フィレンツェの政府はその宣言を知るところとなり、ウィーンのフランツ・シュテファン（右図キャプション参照）に助言を求めた。彼は勅書を知ることになったが、それ以上気にするなという助言を与えた。オーストリアにおいてもこの大勅書は公表されなかった。司教たちはその中身を知っていたが、黙っていた。ここでもフランツ・シュテファンの影響が作用してい

ロートリンゲン公フランツ・シュテファン（＝神聖ローマ皇帝フランツ1世）；18・19世紀にハプスブルク家が皇帝権を握っていた神聖ローマ帝国においても、フリーメイソンはプロイセンと同様な出発点を持っていた。1736年にマリア・テレジアと結婚し、1745年には皇帝フランツ1世となったロートリンゲン公（後にトスカーナ大公）フランツ・シュテファンは、それ以前の1731年にイギリス、オランダなどへの旅行の際に、デザグーリエなどの勧誘により、ハーグでフリーメイソンに加入し、イギリスでその親方の位を与えられていた。トスカーナ大公としてフランツ・シュテファンは、1738年に発布された教皇クレメンス12世のフリーメイソン追放令の発布を阻止し、ハプスブルク家領内においてもそれを無視した。しかし、ウィーンにおいては、結婚したマリア・テレジアは、イエズス会の教育を受けた教皇派であったので、1743年に軍に命令し、ウィーンのロジェ「三つの規範」を襲わせ、その会員を捕えさせた。その襲撃に、マリア・テレジア自身も男装して参加したという話もある。逮捕された者たちは、結局寛大に扱われ、すぐに釈放された。フリーメイソンとしての皇帝フランツの影響力はその後大きなものではなかったが、教皇と皇帝の対立の中で、少なからず影響力を持った。

た。1741年にブレスラウのシャフゴッチュ司教伯はロッジに受け入れられ、自らフリーメイソンであることを公にした。

新たな非難決議はその後教皇ベネディクト14世の下で、1751年5月18日に出された大勅書「プロヴィダス」である。この勅書発布の理由は、クレメンス12世のそれとほとんど変わらず、当時市民法並びに教会法にさだめられた秘密集会の禁止に関する法的指示だけが異なっていた。この第二の反フリーメイソン勅書もイベリア半島においてのみ効力を持っていた。この2つの禁止令と大司教フィラオの指令(それはフリーメイソンを破門と関連づけ、死刑を規定していた)、にもかかわらず、聖職者たちはフリーメイソンに参画していた。その中には下層司祭だけではなく高位聖職者や大司教も含まれていた。

すでに1735年に、最初の教皇勅令の3年前であるが、オランダやフリースラント(オランダ北部のフリース人の住んでいた地域)の非カトリック地域では、フリーメイソンは禁止されていた。当時のオランダ共和国は、ロッジの大親方が同時にオラニエ家の親王の会計主任であり、それはオラニエ家の市会計への復帰を意味したからである。1740年にはスウェーデンにおいても、プロテスタントの国王によりフリーメイソンの集会が禁止されたが、それは死刑の脅しを伴っていた。1782年のヴィルヘルムスバードの修道会会議の際にジョセフ・ド・メーストル[13]はブラウンシュヴァイク公に「メモワール」を送り、その中で、フリーメイソンの秘技とキリスト教の教えの完全なる一致を保障していた。その会合で、フリーメイソンはフリーメイソンとキリスト教の関係問題に対して、次のような見解を示した。「我々は次のような決議をおこなった。……我々の集まりの唯一の目的は、あなた方の仲間の目的と同様に、人間を価値ある、有用なものとすることであるが、それは我々のキリスト教の教え、義務、実践に対する誠実な愛を通じ、また、我々のそれぞれの祖国の支配者と法に対する従順と服従によって、広い意味における啓蒙的、一般的慈善、さらに全ての宗教的、精神的、祖国的社会的美徳の持続的実践を通じて行われる」と(Michael Dierickx, Freimauerei―die große Unbekannte,『フリーメイソン―大いなる無知』74頁)。修道会会議で承認されたこうした規定は、キリスト教とフリーメイソンの間の緊密な関係を示唆するが、フリーメイソンは宗教ではなく、それ故教会とは競合しようとするものではなかった。その上、実践的倫理的領域においては、フリーメイソンは彼らの思想によって宗教を補完するものであった。19世紀には教会とフリーメイソンは公に対立するが、フリーメイソンの側からは、それはむしろ教会からの攻撃に対する反応と位置づけられるべきものであった。

1814年のナポレオンの没落後、教会国家に戻った教皇ピウス7世は新たにフリーメイソン連合と民族的解放運動のカルボナリに対して、国家に対する脅威を理由に禁止勅令を発表した。そこでは、フリーメイソンは政治的に危険な秘密組織と同等に扱われていた。教皇ピウス9世は1864年に「我々の時代の主要な誤謬」[14]の概要としての「誤謬表」を発行することによって、汎神論、自然神論、理神論、信仰無差別論、自由主義を批判した。教皇はフリーメイソンを「サタンのシナゴーグ」と呼んだ。教会とフリーメイソンの関係は「文化闘争」[15]の時にさらに先鋭化した。ピウス9世の後継者、教皇レオ13世は、回勅「人類」においてフリーメイソンを悪魔の作品と非難し、すべてのカトリック司祭に「この汚れた悪疫」を絶滅させることを誓った。

不寛容、反感、場当たり的教条は、プロテスタントの正統派においても支配的であった。それに対してはすでにレッシングが論争を挑んでいるが。他方フリーメイソンのロッジにもなお多数の福音派のキリスト教徒がいた。フリーメイソンに対する福音

派教会の態度はロッジ内の福音派牧師成員によって決定的な影響を受けていた。彼らはむしろ啓蒙主義理論の支持者であった。福音派教会はフリーメイソン的な意味において、すべての人間が合意している宗教は、理神論的な理性信仰の結果であるとみなしていた。彼らの確信によれば、フリーメイソン的な人道主義は、新約聖書の人道主義と混同されてはならないものであり、それは三位一体の恩寵から生ずるものであるとされた。

信仰問題におけるフリーメイソンの寛容さは、教会の側からはすでにかなり前から脅威とみなされ、その普及後には教会の無制限な支配要求と厳しく対立するものとみなされ、20世紀にはファンダメンタリズムとも対立するものとなった。第二回ヴァチカン会議によりようやく、教会は全ての良心的な人々との対話に乗り出し、フリーメイソンに対しても積極的にかかわりあうようになった。1970年には相互の代表による公式な対話委員会が創られ、両者の話し合いの成果として、共同声明がまとめられた。このいわゆる「リヒテナウ声明」の結論は次のように述べている。「フリーメイソンを扱った教皇の勅書は、当時の歴史的意味合いを持つだけのものであり、現代においては意味を持たない」と。教皇庁はそうした表明には極めて慎重で、それは修道会会議の長ゼパー枢機卿のある手紙が次のように書いていることからもわかる。そこには次のように断言されていた。これまで有効であった（教会の）一般法は、現在も権限を持っていて、教皇の教会法規の改革のための委員会が新たな教会法を公表するまでは有効である、と。ここに述べられた査定の延長上で、ドイツでは、1974年11月に、カトリックの司教会議とドイツ大ロッジ連合との間で、国家レベルの新たな会議がおこなわれた。対話相手のフリーメイソンとの最終的合意がないまま司教会議は、フリーメイソンとカトリック教会の関係に対する一つの表明を発表した。「フリーメイソンの儀式と基本的な思想の詳しい分析は、彼らの今日でも変わることのない自己理解を明らかにした。カトリック教会とフリーメイソンへ同時に所属することは両立できないものである」と。

この「非両立声明」はフリーメイソンの側には失望的反応を生み出した。特にスカンジナビア、大英帝国、オランダの司教会議ではすでに両立が認められていたから、なおさらであった。ドイツの統一大ロッジは公開声明において、彼らの遺憾を表明し、カトリックの司教会議との間でおこなわれた会話は、この一方的な声明により終結した、と述べた。

1980年に「非両立声明」は失望を引き起こしたが、1981年にヴァチカンは新たな思弁のきっかけを与えた。この年に「教義に関する修道会会議」は1つの声明を出し、そこでは、フリーメイソン組織の成員はカトリックの法によれば、破門されると新たに強調された。そして「1974年の司教会議の以前の立場はさまざまに偏向し、誤った結論を出した。カトリック法によれば、カトリック教徒は依然として破門の脅しの下に、フリーメイソンの成員となることを禁止している」と。しかし世論では、この表明は第二回ヴァチカン会議からの明らかな逸脱であると理解された。新たな希望は、1983年に現れた。まったく新規に編纂され制定された「ローマ教会法典」が発表されたのである。そこではフリーメイソンに関しては直接言及されず、破門の脅威は「教会の敵となる結社」に属する者とされていた。フリーメイソンであることによる自動的な破門はもはやなくなった。しかしながら、各国の司教会議がフリーメイソンの団体を「教会の敵である機構」と表明する可能性はあった。ドイツのフリーメイソン全体代表の反応は静観的で慎重であった。というのは、連邦共和国で行われているフリーメイソンのあらゆる宗派に対する寛容規範とならんで、カトリックのフリーメイソンに対する自由な信仰の機会がどの程度許されるかは、実践が初めて示してくれるであろうから。

4. 反メイソン主義と陰謀論

秘密結社が世界政治を操っている。そうした認識は数多くの文学作品や秘教的流行に関する似非科学的一般書にしばしば登場し、フランス革命以降の歴史の背後の勢力とその影響を好んで強調している。その背景には、陰で糸を引く黒幕が政治を操り決定しているという考えや、世界は陰謀的グループにより操られているという想像が隠れている。20世紀の戦争による敗北や革命、内戦ないしインフレーションというトラウマ的経験は不安や変革の感情を生み出し、「贖罪のヤギ」の発見をうながしてきた。フリーメイソンと結びつけられてユダヤにその役割が振り向けられた。ユダヤとロッジ成員は、特権的な少数派であることで、そうした役割にうってつけであった。

このユダヤ＝フリーメイソン世界支配陰謀論の成立に関しては、中世の社会秩序におけるユダヤの位置付けが決定的な意味を持っている。キリスト教の立場からは、ユダヤはイエスの十字架刑に対する集団的責任を負うものであったので、彼らを宗教的に正統化された社会に統合することはできなかった。そうした展開の結果ゲットーに追放されたユダヤは、小商人や両替業、高利貸しに集中した。これらの職業は皆、キリスト教の教義において非キリスト教的なものと見なされ蔑視された。そうした方法で、次第に成立してきた経済的・社会的反セム主義はキリスト教的反ユダヤ主義を発展させるのに都合のよいものであった。

フリーメイソンの中で発展していった自然法的啓蒙主義思想は、ユダヤの社会的政治的解放を準備したので、1789年以降のキリスト教的保守主義の視点からは、フリーメイソンは誤って解放過程の受益者とみなされ、さらにはその促進者ともみなされたのである。何人かの同時代の著作の中では、

Barruel

Abbé Augustin Barruel, als französischer Jesuit schon 1773 aus Österreich vertrieben (!), schrieb 1797 im englischen Exil seine „Denkwürdigkeiten über den Jakobinismus", in denen er als Erster in vernichtender Weise Philosophen, Freimaurer, Naturisten und Illuminaten als „eine Revolte gegen Gott" und als die Urheber allen Übels brandmarkt. Wer seine Be- und Verurteilungen in Zweifel zog, wurde sofort ebenfalls als Mitwisser und Verschwörer abgekanzelt.

オーギュスタン・バリュエル；フランスのイエズス会員として、1773年にオーストリアから追放され、イギリス亡命中の1797年に『ジャコバン主義に関する覚え書き』を執筆、哲学者、フリーメイソンやイルミナーテン（＝ジャコバン主義者）を「神に対する反乱者」としてフランス革命の首謀者とした。革命をフリーメイソンなどの陰謀と位置づけた最初の人物。

ユダヤはイルミナーテンやジャコバン主義セクトの「有用な道具」とみなされ、彼らはヨーロッパの諸政府に反対する際に、ユダヤへの憎悪を厚顔無知に利用したと指摘していた。伝統的な反セム主義が攻撃の誘発や道具に使われたように、革命の諸局面での反革命的な運動の流れの中で行われた数多くの反セム主義的な暴力行為も（同様に）動員されたことは、革命の諸局面における運動のさまざまな時点で現れる反セム主義的暴動が証明している。19世紀の流れの中でもユダヤに関連する陰謀の疑いは数多く存在し、それはほぼ脅迫神経症的傾向を示す。多くの事実は、後に右翼急進主義のアジテー

ションに取り上げられるユダヤ=フリーメイソン世界陰謀説のテーゼの基本型がすでにフランス革命への反動として発展したことを示唆している。社会的転換と既存支配構造の世俗化の影響の下で、フリーメイソンとユダヤに対する陰謀論は後を絶たなかったので、旧支配層と聖職者並びに産業化過程の中で不安定化した中・下層の人々の視点からは、そうした社会的変動を「キリスト教国家のユダヤ化」と告発することは可能であった。こうしたやり方で、ユダヤは「近代」の符号となり、さらには次第に強化されたキリスト教的中産層の強固なデマゴギーに晒され、反近代主義、反自由主義的陰謀論の中心に押しやられ、その「贖罪のヤギ」の役割を果たすことになった。

反フリーメイソン的陰謀論

今日、学問研究の領域ではフリーメイソンがフランス革命に精神的影響を与えたことは明確な事実とされる。フランスの重要な啓蒙主義者、革命家の活動範囲はそのことをはっきりと示す。ロッジの中では、啓蒙主義の擁護者たちは、社会的平等、人道主義的理想、道徳的完成の理想を実現しようと試みていた。

精神的雰囲気を準備し、革命の多くの段階において複雑で圧縮された過程に対応する政治的状況の準備は、啓蒙主義的、批判的文書の増加とともに、啓蒙の機構化、組織化、社会全体の変革を伴って展開し、それらは市民的政治的公論に寄与した。しかしフリーメイソンは、啓蒙的組織としては表立って革命的行動はとらなかった。フリーメイソンがいわゆる革命的な影響を与えたという論理は、18世紀終わりにゆっくりと形成されたイデオロギー的政治的運動の枠内で反革命的、反啓蒙主義的煽動が創り出したものである。そこから、反フリーメイソン的プロパガンダの先鋭化の中で陰謀シンドロームが発展し、それが今日まで影響を残しているのである。

その際、広く広まった陰謀信仰に奇妙な現象が生じた。それはフランスの国家転覆の出来事とその思想のヨーロッパへの広まりを1つの陰謀的革命家たちのグループの仕事として説明しようと試みるものであった。こうした国際的な広がりを持った陰謀論は、急進的な後期啓蒙主義とフランス革命に対する保守的な反対者たちに、ヨーロッパの社会制度への脅威に対する比較的単純な説明理論を提供したのである。

その特異な代表者の一人はフランスのイエズス会の司祭オーギュスタン・バリュエル（1741～1821）[16]であり、彼はその著書『覚え書き』（初版ロンドン1797年）の序文で三段階の陰謀の論理を展開している。

1. このフランス革命の数年前に、哲学者を名乗る人々が福音の神に対し、プロテスタントやカトリック、英国教会あるいは司教教会の区別なく全キリスト教に対して陰謀を企てた。この陰謀はその本来の目的としてキリストの祭壇をすべて打ち壊すことにあった。それは不信と無神の詭弁家の陰謀であった。

2. こうした不信の詭弁家学派からやがて反乱の詭弁家が形成され、彼らはキリストの祭壇に反対する無神論の陰謀を国王の王冠に反対するすべての陰謀と結びつけ、旧いセクトと結びついた。彼らの陰謀は、フリーメイソンのいくつかの支部による真に高度な秘密（組織）を創り上げ、そこでは、真に選ばれた者たちだけに、キリスト教と諸侯たちへの根深い憎悪の秘密が教えられた。

3. 不信心と謀反の詭弁家の中から無政府主義の詭弁家が成立し、彼らの陰謀はもはやキリスト教徒のみに対するものではなく、自然的なものを含むあらゆる宗教に反対し、単に国王だけではなくあらゆる統治形態に対し、あらゆる市民

社会に反対し、あらゆる所有形態にさえ反対するものとなった。こうした第三の党派はイルミナーテンの名前で結集し、反キリストおよびキリストと国王に同時に反対する陰謀を持った詭弁家そしてフリーメイソンたちを集めていた。こうした陰謀を極めた人たちとアナーキーの達人たちの結合からジャコバン主義のクラブが成立した。

（Augustin Barruel, Denkwürdigkeit,『覚え書き』第1巻）

　バリュエルは、世界規模の陰謀の3つの発展段階を描き、その終局と頂点をフランス革命としている。最初の時代はキリスト教と戦ったフランスの啓蒙主義者により規定され、第二の時代は君主制に反対したフリーメイソンに占められ、第三段階を占めたイルミナーテンは、政府、社会的秩序を問題にしたとされる。バリュエの考察は神秘主義の観察と非合理的導入儀式、さらにはロッジ階層の真誤の多様性、さらには今日でははっきりと否定されている不合理な系譜学に依拠している。

　同じく陰謀論を主張するドイツの牧師シュターク[17]は部分的にバリュエルのまとめを批判した。バリュエルはしっかりした論拠に基づいていないと。

　シュタークはメクレンブルクのルター派の牧師の息子として生まれ、自身がフリーメイソンであった。彼は1785年に彼の本『聖ニケーゼ』の中で、18世紀のフリーメイソンのいわゆる愚行を暴露している。彼は自分の陰謀論を90年代に雑誌『幸福』に発表したさまざまな論文の中で発展させ、その後、特にその著作『18世紀の哲学の勝利』において展開した。

　彼の基本テーゼは、次のような論理から出発している。すなわちフランス革命は啓蒙哲学の有害な教えとその陰謀的支持者の結果として生じたというものである。彼は、確かにバリュエルのロッジ批判に全体としては賛同していないが、彼の考えによれば多くのロッジは、遺憾ながら「哲学的浸透」に対する防衛に弱点があった。そしてそれはドイツにおいても非常に強かったという。秘密組織イルミナーテンはその陰謀論の中心であって、それはその理論に従い、フランス革命を誘発する火花をつけることに成功したのであると。

　エジンバラ大学の自然哲学の教授で王立協会の長官であったジョン・ロビンソン[18]はある陰謀論の著作でフリーメイソンとイルミナーテン、「ドイツユニオン」、ジャコバン主義者について、バリュエやシュタークよりも自由主義的な見解から研究している。というのは、彼は急進主義は拒否したが同時に封建主義や君主政治の残滓とは戦っていたからである。

　オーストリアにおいても、啓蒙主義やジャコバン主義、フランス革命に対する保守主義の対抗運動の形成との関連で、フランス革命の勃発を陰謀家グループの仕業と解釈する陰謀論や謀略への信仰が広がった。そうした傾向を最も利用した代表者は、警察長官のヨハン・アントン・ペルゲン伯並びに文筆家で教授のレーオポルト・アーロイス・ホフマン[19]であった。ペルゲンはすでにヨーゼフ2世の下で、恐れられた警察組織を作り上げ、不満を抱く住民グループの世論の監視と反乱や蜂起の取り締まりのための有効な機構を作り上げていた。警察機構の拡大は公には彼の命令で公表されたのではなく、むしろ官房指令として公表され、秘密通達として維持された。啓蒙主義者や革命的民主主義者たちは、彼を危険な対抗者とみなし、君主制秩序の本来の敵と考えていた。ペルゲンは国家にとっての大きな危険は特にフリーメイソンのロッジにあり、彼の報告ではそれは革命的なプロパガンダを行っていたというのである。

　ウィーン大学のドイツ語、実践修辞学および商業スタイルの教授ホフマンはフランス革命の支持者と急進的ヨーゼフ主義者たちと民衆的なやり方で

戦おうとした。1792年、彼は皇帝レーオポルト2世の要請で保守的な雑誌『ウィーン雑誌（Wiener Zeitschrift）』を創刊したが、その目的は、破壊活動分子の摘発であったが、この機関紙は陰謀論の拡大に大きな意味を持った。ホフマンは自身フリーメイソンであったが、「イルミナーテンスキャンダル」を機に、急進的啓蒙主義運動の反対者に転じた。彼が忌み嫌ったイルミナーテン結社の目的を彼は、「キリスト者の宗教を蝕み、フリーメイソンを有害な政治組織に転換すること」という言葉で説明している。それ故彼は『ウィーン雑誌』の「序文」でも次のように書いている。「我々（の雑誌）は、支配的な啓蒙主義の野蛮と彼らの偽りの使徒を恐れない。我々は民衆を欺く背信的な人物に出会う所ではどこでも、その隠れた悪意をなんの遠慮もなく暴きたてる意思を持っている」と。

　ホフマンにとっては、フランス革命はイルミナーテンにより煽動されている世界的な陰謀の一部であった。彼らの地方的広がりは徹底的に排除されねばならないが、そのために彼は以前のフリーメイソン的交流に基づいた嫌疑のあるフリーメイソンとイルミナーテンのリストを作った。皇帝レーオポルト2世に対し、彼はそうした人物を徹底的に排除し、地位を下げ、あるいは暴露することを提案した。彼の陰謀論の先鋭化の中で彼は、ウィーンにはパリのジャコバン主義と結びついたある急進的党派がやってきているという確信に達していた。

　こうした陰謀家たちと戦うための効果的な手段として、彼は保守的な傾向を持った秘密結社を創る計画を立てた。その計画を実現するために、彼は部分的にはイルミナーテン結社の計画を採用しようとした。例えば成員の秘密の募集などであった。彼の結社計画はまた、秘密の上層指導部に無制限の権力を与え、古典的名称、秘密書類、推敲された秘跡の儀式などを備えていた。彼自らはほとんどイルミナーテン規約に賛同しているかのようであった。後には彼はその事実を彼の厳しい批判に有利に利用した。こうした秘密組織の成員は、利害や名誉心を原動力とし、目的により導かれる熱狂を通じて獲得されるものとされた。この結社の目的は、成員の情熱を良き目的のため、支配者と国家のために振り向け、「労働意欲」を呼び覚ます連帯意識に振り向け、印刷物や新聞を統治者の意図に同化させることにあった。しかしながら、計画の推進は皇帝の突然の死のために妨げられた。レーオポルト2世はホフマンの提案には賛同していたようで、1791年9月のプラハでの国王戴冠に彼を同行させ、計画の詳細を相談しようとしていた。ホフマンは何人かのドイツ人啓蒙主義者やジャコバン主義者を告発し、反セム主義的煽動を煽ることも辞さなかった。その中にはヨハン・ゲオルク・フォルスター[20]も含まれていた。しかしながらホフマンは1792年以降、皇帝フランツ2世の信頼を受けることができず、1793年には『ウィーン雑誌』は停刊した。彼に代わって、元イエズス会士のフェリックス・ホフシュテッターと文筆家のローレンツ・ハシュカ[21]により編纂された『文化と文学のための雑誌』が発行され、その第二巻には同様に陰謀論が宣伝されていた。しかし個人的中傷という方法は採られていなかった。フランツ2世の新たな反動的システムは、ホフマンの考えに対立するものではなかったが、ホフマンの影響力はすでに失われていた。というのは、新皇帝は彼の前任者が維持しホフマンが属していたような秘密組織の協力を必要としていなかったからである。

　ホフマンはドイツの諸侯に対して、検閲や秘密結社の弾圧、宗教の促進などにより革命の危険をコントロールするよう助言を与えていた。こうした提案はいくつかの反啓蒙主義的原則による公の防衛とも結びつけられていた。例えば彼は言論出版の自由は馬鹿げたことであるだけではなく、危険な影響力を持った欺瞞であると強調していた。それ故、諸侯には保守的な世論を形成することが如何に大事

であるかを認識しなければならないとしていた。それには革命的著作者の弾圧政策も必要であると。その際ホフマンは、こうした例が示すように、明らかに、彼の保守的プロパガンダをフランツ２世の下でも続け、新聞や本、小冊子の質を強化するだけではなく、その量を確認する必要があるとしていた。しかしフランツ２世は、保守的な世論を作り上げることに関心を示さず、皇帝レーオポルトの保守的結社を創るという提案に、もはや大きな関心を示さず、それを取り下げてしまった。

ホフマンはフランツ２世の下では教授の地位を失ったが、彼はもう一度、攻撃的な反革命的スタイルで出版界に登場した。1796年に匿名で公表された文書『二人の姉妹P.とW.または新たに発見されたフリーメイソンと革命システム』において新たにフリーメイソンをすべての革命の元凶とし、その責任者としていた。この文書は、この間に暴露されたウィーンとハンガリーのジャコバン運動への対応として現れた。そこにおいてホフマンは、フリーメイソンは全世界で結びついていて、表向きの秘儀においては、神殿建設は表面上の秘儀として残っているが、最終的には諸宗教の没落とすべてに勝るものをもたらすことを目的としている。彼らの主張する慈善とは実際には欺瞞に他ならず、国家にとって危険な行為の隠れ蓑に過ぎない。ウィーンのロッジ「真の調和」の基本規約からは、「ウィーンはパリの真の姉妹」であり、それ故、「オーストリアでも革命的転覆行為を遂行することが可能である」と読み取ることができるとしている。ホフマンがここで言及しているのはウィーンのロジェ「真の調和」のことで、それはイグナーツ・フォン・ボルンのもとで文化的精神的中心となり大きな影響力を持つようになっていた。同時にそれはオーストリアのイルミナーテンの中心でもあった。1785年のヨーゼフ２世のフリーメイソン特許状の後にすでに、ホフマンはフリーメイソンと秘密結社に激しく反対し、その活動に対抗しようとしていた。1796年の彼の批判的考察はこの昔の反フリーメイソン文書と結びつく。

彼のすべての文書を読むと、ホフマンはその厳しい批判にもかかわらず、温和な保守的理論家であることがわかる。彼はもはや保守主義と陰謀論の実践的戦士ではなく、彼の武器は、現状の体制を超えていく歴史的諸勢力の分析ではなく、むしろ急進的要求は永遠の争乱者の悪意から生じるものであるという確信であった。彼は自分の仕事で彼らにそうした悪行をやめさせようと思ったのである。

バリュエルが書いているような反フリーメイソン的な陰謀論は、フランス革命の後にも外交的文書交換や反革命的出版においても重要な役割を果たした。その際に特に注目すべきは、この陰謀論は、その初期にあったキリスト教的婉曲表現を次第に失って、政治的世俗的な武器へと変化していったことである。そうした目的のため、煽動の中では、いわゆる無害な「青のロッジ」、すなわちイギリス風の組織に基づいて行動していたヨハネのロッジと、国家の敵である「赤のロッジ」、高位階ロッジ、とが区別された。後者はすべての国王を廃止し、身分と物質社会の平等を打ち立てることを目論んでいるとされた。メッテルニヒの反動時代、三月前期、1848/49年革命そして文化闘争の時代にはこうした陰謀論は管理統制の道具としての役割を果たした。というのは、カトリック教会の見解では、自由主義は、以前の啓蒙主義と同様に、伝統的な社会秩序からの決別をイデオロギー的に正当化し、そのことによって旧秩序の空洞化と王座と祭壇に反対する陰謀を推進したからである。

そうした「右翼の」保守的陰謀論と並んで、「左翼の」理論も存在した。それはすでに（1770年頃の）啓蒙の時代に広がったが、薔薇十字的起源を持ち、その中心的主張は、秘密結社はカトリシズムを拡大し、その際病的なイエズス会恐怖が大きな役割を担っていた可能性があるという。そうし

た「左翼の」陰謀論は19世紀まで影響力を持っていた。

　フランス革命への直接的反動として完成され、歴史哲学的なシステムにまで高められた陰謀論は、19世紀と20世紀には決して政治的分派によってだけではなく、社会的および政治的に重要なグループによって、政治的イデオロギーの武器や宣伝道具として動員された。しかしながら、そうした目的に合わせて陰謀論はそれぞれの異なった状況に適合されなければならなかった。19世紀には常に必要な活性化がおこなわれた。それは最初に1830/31年、そして1848/49年、文化闘争などによって何よりも陰謀論の世俗化を結果としてもたらした。そうした世俗化がなかったならば、陰謀論は近代の右翼急進主義、例えばファシズムの宣伝道具にはならなかったであろう。そのことによりまた、秘密結社の贖罪のヤギの役割も強められた。

　フリーメイソンに対する陰謀論はナポレオン時代にさらに発展したが、多くは意識的にイルミナーテン結社との結び付きを強調していた。そのイルミナーテンへの嫌疑は、特にキリスト教保守伝統派により啓蒙主義的絶対主義政策の擁護者に向けられていた。フランス革命を哲学者、フリーメイソン、イルミナーテンの陰謀とみなした陰謀論は論争的イデオロギー的実質を持っていたにすぎなかったが、復古の時代における陰謀への恐れは、遅ればせながらその内容を確認するものであった。こうした発展は必然的に、反革命的陰謀論の強化をもたらした。イルミナーテンとその直接の後継者を名乗る、特に「有徳同盟」[22]とブルシェンシャフト成員たち、ならびに政治的秘密組織カルボナリは世界支配を図り実行しているとの嫌疑を受けた。メッテルニヒも、秘密書類や手紙において繰り返し、陰謀の忠告を受け、対抗処置を促された。

　19・20世紀には陰謀論は特にカトリックの聖職者、反自由主義的王党派と右派急進主義者たちにより体系的に利用され動員された。もっぱらバリュエルに依拠したパンフレット文書では、その歴史神学的要素はますます世俗的政治的アジテーションに都合良く後退していったことが注目される。そしてそれは最終的には『シオンの賢者の議定書』に結びつくのであるが、例えば、プラハの弁護士エデュアルト・エミール・エッケート[23]は、1852年に次のような馬鹿げた主張を行っている。それは1848/49年のドイツ帝国憲法は、親しいフリーメイソンにより社会民主主義者に口述筆記されたというのである。こうした陰謀論の反社会主義的構成要素はその後、何人かのイエズス会員によってさらに発展させられた。例えばイエズス会員のG.M.パハトラー[24]は、ユダヤのカール・マルクスによって設立された社会主義者同盟（「共産主義者同盟」）は「全世界で最も成功した政治的宗教的陰謀である」と述べていた。その際彼は、この恐れられた労働者同盟はフリーメイソンのロッジの構造をまねて構成され、有害な自由主義の帰結であると結論している。パハトラーは、反自由主義者の意見に組みして、自由主義はユダヤフリーメイソン的に形成されているとしていると述べている。

　陰謀論と悪者探しの感染性は危機の時代に飛躍的に強化されるので、1918年の後でドイツで陰謀論が新たな活動性を獲得したことは理解できることである。1918年に初版が発行され、1925年にはすでに第6版を出している『世界フリーメイソン、世界革命、世界共和国』という本の中で、フリードリヒ・ヴィヒトルは、世界の状況を陰謀論の模範にならって分析している。この本の購読後に、ハインリヒ・ヒムラーは、当時19才であったが、日記に次のように書いている。「すべてを明らかにする本で、我々に誰とたたかうべきかを教えてくれる」と。

陰謀論におけるユダヤの役割

　19世紀の終わりと20世紀の始まりの頃におけ

る反セム主義の増大以来、ユダヤは陰謀論において重要な役割を与えられ、昔からのイメージが復活させられた。フリーメイソンとユダヤはドイツに対して陰謀をめぐらし、第一次世界大戦を引き起こさせ、フリーメイソン的な一方的和平条約によりドイツを破滅させたというのが、簡単な告発論理である。

フリーメイソンとユダヤを結びつけた世界的陰謀論は複雑な起源を持ち、ここでは簡単な見取り図しか示し得ない。19世紀の後半にはすでに、ユダヤは長い解放課程と平行して、しだいに推定上の陰謀の中心に押しやられ、後には「フリーメイソン的」と「ユダヤ的」という修飾語が変換可能ないし同義となったのである。ユダヤ的フリーメイソン的世界陰謀というテーゼの成立にとっては、中世の社会秩序の中でのユダヤの立場と並んで、ユダヤの社会的政治的解放を導き準備した、特に18世紀の自然法的啓蒙主義運動が重要な意味を持った。フランス革命の時代にすでに、ユダヤについて、イルミナーテンとジャコバンの「有効な道具」であるという指摘が数多くあった。1815年以降、啓蒙と世俗化はキリスト教とユダヤ教の間の争いを表面上は解決した。確かに、キリスト教とユダヤ教の多かれ少なかれ憎悪を含んだ対立は、啓蒙の宗教的領域では消え失せた。しかし、中世的ユダヤ憎悪の魔女的悪魔的形態はいまや世俗的装いをまとい昔と変わらず登場し、三月前期のイデオロギー化、工業化、政治化の進行を背景に社会や政治に影響を与えた。

すでにこの時期に、多くの資料や小冊子の中で、ユダヤはもはや啓蒙主義者や革命家の従者としてのみ位置づけられるのではなく、世界支配を目指した陰謀の黒幕として扱われている。ここではすでに、後に反自由主義、右翼急進主義的煽動に登場するフランス革命への反動としてのユダヤ・フリーメイソン的世界支配陰謀のテーゼが、基本形態として成立している。その基本形は20世紀の初めに次のように述べていた。「ロッジの頂点はユダが占めていて、キリスト教徒のロッジは盲目の操り人形で、何も知らないままにユダヤに操られている。」

そうした論理への共鳴として重要であり、キリスト教保守派に対する極右民族主義フェルキッシュの運動の同盟政策としても特に重要であるのは1919年に現れ、1920年には再版されたスイス人カール・ハイゼ[25]の本『協商フリーメイソンと世界戦争』である。彼もまた18世紀のイルミナーテン陰謀論に立ち戻り、ロッジと大資本主義ならびにボルシェヴィキとの内的関係を立証しようとしている。そのグロテスクな想像は、彼らの陰謀的結びつきを、世界を包摂するユダヤ＝フリーメイソンの陰謀の「詳細」を扱っている前述の『シオンの長者の議定書』に見出していた。

この新しい研究は、この『議定書』に近代化され再発見された悪魔学的反セム主義の変種を見出している。世界的広がりを見せた原書は、ロシアの宗教学作家のセルゲイ・ニルス[26]の『微小の中の偉大さ、そして近代政治的可能性としての反キリスト』にある。歴史家たちの多くは、今日、この『議定書』がロシアの秘密警察の外国部長ラチュコフスキーの要請で1897〜1899年にパリで書かれたものであることに疑念を持たない。この本が偽作であることは、ユダヤの共同体の訴えにより1934/35年のベルンの裁判で公的に認められた。他ならぬアルフレッド・ローゼンベルクは、当時「ナチス組織全体の精神的世界観的指導と教育の監督のための総統委任者」であったが、その反フリーメイソン的文書の中で、『議定書』に依拠して次のように強調していた。すなわち、民族政策の背後にはその本来の指導部として「全ユダヤの大金融機関」があり、それは民族的、博愛主義的、宗教的世界同盟に組織されていると。彼によって判断されたこうした問題に関する決定的根拠を、彼は『議定書』に見出していた。それを彼は編集し、引用的にコメントを付けて1923年

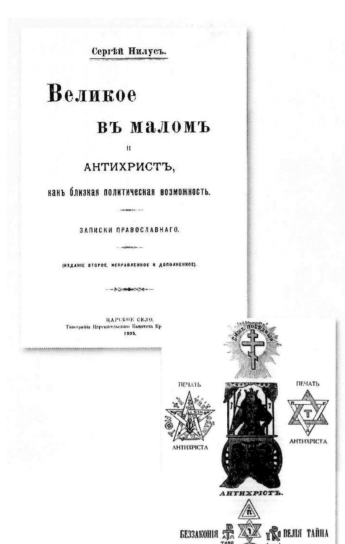

「陰謀論」の展開；
右『シオンの賢者の議定書』、
左 セルゲイ・ニルスの
『微小の中の偉大さ、そして
近代政治的可能性としてのキリスト』

に出版した。

　例えば、第四会議においてはフリーメイソンの活動への言及があり、それはローゼンベルクによりユダヤの大資本への重要な支援と解釈されている。第一会議では世界支配の思想と並んで、ユダヤのフリーメイソンロッジに関する発言について述べられ、それについて、ローゼンベルクは特にシカゴに置かれ、世界的に広がった修道会「ブネイ・ブリス」[27]を取り上げ、そこには宗教的ユダヤとシオニストも参加していて、ローゼンベルクによれば、ユダヤの世界中の借款を全て支配していると公言していたとされた。第15会議では世界革命の遂行について議論され、フリーメイソンの役割が今一度説明されているという。こうした世界的陰謀の主要な指導はローゼンベルクにとっては、ブネイ・ブリス修道会にあり、それはナチスの研究によれば450のロッジを包括していたとされる。

　ローゼンベルクはその他の文書でも、ユダヤとフリーメイソンは物質的精神的カオスに責任があり、その原因になっていると強調している。世界政治

のトップとその舞台裏にはユダヤとフリーメイソンが立っている。世界政治に決定的に影響を与えているフリーメイソンは、ユダヤに根源を持つ高度な組織の中で活動しているとされる。ローゼンベルクは、世界のあらゆる国でユダヤの代表たちが、ロッジに在籍し、「全世界にまたがる陰謀組織の網」を張り巡らせていると確信していた。

『議定書』に関するローゼンベルクのこうした注釈は、そこに書かれている「適切な」発言が如何にユダヤの現実の政策と一致するものであるかを伝えようとするものである。彼にとっては極めて憂慮すべきこうした発展に対して、ローゼンベルクは最後に、このユダヤの世界支配の陰謀を首尾よく防ぐためにポール・ド・ラガルデ[28]の言葉を対置させている。「ドイツは完全なるドイツ人とドイツ人のやり方で一つの卵のように固められねばならない。そうすればそこにユダヤが入り込む余地はない。」

この『シオンの賢者』の陰謀の中には多くの不可解な現象や進展の暗示がみられることは、ローゼンベルクには問題ではなかったし、ヒトラーにとってもそうであった。ヒトラーは「私は、まさに身震いしながら、このシオンの賢者の議定書を読み、敵の危険な陰謀とその世界的存在を知った。」と告白していた。

陰謀神話

ヘルマン・ラウシュニング[29]の注解書、『ユダヤとフリーメイソンのワルツ』はナチスにとっては、大衆の目を諸問題から逸らせ、支持者たちの戦闘意欲を維持することに役立った、という見解は正しいが、そうした機能規定によっては、陰謀論の政治的、心理学的効果メカニズムを十分に把握することはできないだろう。確かに、フリーメイソンの比較的軽微な秘密結社としての性格や陰謀定理に時には備わる（たとえ隠れて、比喩的に、あるいは極端に強調された形態で備わる）「一片の真実と正しさ」も、陰謀論の成立や影響力の構成要素であることは確かである。（しかし）イデオロギーとして受け入れられた陰謀思想の基本的な前提は、それぞれの時代の具体的社会秩序の精神的絶対視と、それと結びついた反自由主義的世界像であった。それはこうした秩序の社会的変化と伝統的な期待制度の批判を、悪魔的な少数派の不法で悪意ある仕業と想定する世界像であった。陰謀論が、身分的ヒエラルキーの立場から18世紀の平等原理への基本批判として行われたことは、陰謀論が前民主主義のアンシャンレジームの代表者たちと、右翼急進主義の反自由主義勢力の両者に要請されえたという事実を解明するものである。そうしたやり方で、陰謀論は反民主主義的敵像を描き出し、それは、相互に対立する保守勢力とナチに、自由主義、民主主義、社会主義に反対する共同戦線を創りだしたのである。

陰謀論は単因的でステレオタイプ的イデオロギーと説明できる。さらに、研究は、それは同時に神話的性格を持っているということで一致している。陰謀神話の作用は、心理的要素（例えば恐怖）と並び投影法が重要な要素を占める。というのは陰謀論の代表人物が、ユダヤとフリーメイソンになすりつけていることの多くは、彼ら自身がおこなっているか、彼らが目指そうとしたことであるからである。また、社会的要素も重要である。というのは陰謀神話に特に敏感であった社会層のイデオロギー形成がとりわけ意味を持つからである。例えば、危機の経験を持ち、結びつきを失った中間層がそうであった。そして最後に政治的要素にも顧慮しなければならない。というのは、陰謀論はその宣伝に際して、一定の政治的役職を目標にするか、あるいは陰謀論は政治的に動員されるからである。そのような利用方法は、常に一定の歴史的状況において、動員されるこうしたイデオロギーの陰謀的機能を示すものである。ここに言及したこうした諸要素と視点はさらに相互に緊密な相関関係において見なければなら

ない。歴史的視点からは、この陰謀論はその土壌として、基本的にイデオロギー的および政治・経済的不安定性を必要としていたといえる。その際、陰謀論は社会的出来事の背後に存在するあらゆる不安と不安定さに簡単な説明を用意することで、一見合理化機能を満たすようにみえる。それは最終的には、利益誘導的で似非合理主義的思考構造によって規定づけられ、複雑な現実の再構成の要求に対応し、そのもっともらしい誇張によって、その危険な誘導機能を満たすことができた。

陰謀論で重要なのは、党派に属さない認識道具ではなく、むしろ敵を定めるのに役立つ政治的イデオロギー的道具であることである。陰謀論は、少数派が決定的多数を操作し、決定的方法で歴史過程に影響を与える能力を持つことを前提としているので、この少数派は必然的に超人間的能力を与えられていなければならない。その際に、ほとんど病理学的な傾向を持った不安感情が、それぞれの時代の秩序の崩壊の恐れから、フリーメイソンの悪魔化へと逸脱する。そうした関連の中では、中世のキリスト教的悪魔化の論理が重要な役割を果たし、それは陰謀思想の特殊な形成に根本的意味を持った。精神的な阻止境界域を撤廃することによって、目的とする「悪しき」勢力の排除による社会組織の矯正が行いうる可能性が開けるというのである。こうした優先的方法は今日の陰謀論においてもなお規定的である。たとえば、フリーメイソンや「P2」[30]のような秘密組織やエリートクラブやサークルに関する注釈や本などが示すように。

訳者註解

1) **レッシングLessingの『エルンストとファルク』**；レッシングがフリーメイソンと結びついていたことはその作品からも伺われる。また彼の作品の発行人でもあった『フォス新聞』の発行人クリスチャン・フリードリヒ・フォスなどとの付き合いからも明らかである。実際、レッシングは1780年までハンブルクのロッジのリストに入っていたが、レッシングはロッジの活動に必ずしも良い印象を持ってはいなかったようである。だが、彼はフリーメイソンの考え方から離れることなく、この『エルンストとフォーク』のなかで特にフリーメイソンの歴史についてファルクに説明させ、その社会的意味を語らせている。

2) **「王立協会」**；1605年の『学問の進歩』の中でフランシス・ベーコンが提案したすべての学問的友愛団体を創ろうという思想に触発されて、最初はドイツで「不可視の教授団（大学）」として成立したが、イングランドでは1647年に「哲学的教授団」として結集され、1660年に「哲学的カレッジ」として組織替えされ、翌年に国王の認可を受けた学術者団体「王立協会」となった。ベーコンの提案は錬金術的ではない科学的研究者たちの組織を目指したものであり、そこにはフリーメイソンとして知られた多くの人物が参加していった。そしてさらに彼の死後刊行された『新アトランティス』（1627年）というユートピア的小説は、ドイツで公刊された「薔薇十字団の宣言書」とともに、「王立協会」を「薔薇十字」の秘密組織と結びつけて理解するもとともなった〔第3章註26）参照〕。

3) **ジョン・シオフィラス・デザギュリエ Jean-Théophile Désqguliers**；フランスのラロシェルの司祭ないし牧師〔第1章註11）参照〕。

4) **アンドリュー・ミッシェル・ラムジー Andrew Michel Ramsay**；〔第1章註12）参照〕

5) **イグナーツ・フォン・ボルン Ignaz von Born**（1742～1791）；トランシルヴァニア生まれ、イエズス会の短い修行の後、プラハで法学を学び、オランダ、フランスを訪れた後新たに自然史、鉱山業を学び、1770年プラハで貨幣鋳造・鉱山局の長を勤め、多くの学問団体（アカデミー）の会員となる。博物標本の熱心な蒐集家で，1776年にウィーンに呼ばれ、現在の自然史博物館の基礎となる皇帝の自然局官房の指導者となる。1779年宮廷顧問に。ヨーゼフ主義時代の啓蒙主義の申し子といってよい。多くの学問的専門書の他に匿名でいくつもの政治社会批判を書いている。早くからプラハでフリーメイソ

ンに加入し、ウィーンでもロッジ活動に積極的で、オーストリアのフリーメイソンの代表的個人となる。ウィーンのロッジ「真の調和」から一つの学問的アカデミーを創ろうとした。雑誌『自然科学研究』はすべてロッジ会員によって賄われた。個人的魅力があり、彼のロッジは多くの人を集めた（1781年には15名であったのが、1785年には197名）。そのほとんどが学問的エリートであった。ゾンネンフェルスたちとは『フリーメイソンジャーナル（Journal für Freimauer）』誌を編纂。それには多くの重要な論文が発表された。彼はオーストリアの「全国大ロッジ」を創ることに努力、自らその大秘書となった。

ボルンはイルミナーテンとも結びついていた。1785年のバイエルンの選帝候によるイルミナーテンの解散に反対、ヨーゼフ2世に直接抗議したが、結果は皇帝のロッジ制限指令となった。ボルンはロッジ「真実」の議長になり、ロッジ制限に関する歴史本を書いた。18世紀のオーストリアのフリーメイソンの歴史において彼はその中心を占め、伝聞によれば、シカネーダーはその戯曲『魔笛』の脚本でボルンをザラストロになぞらえたという。

6) **ヨハン・ゲオルク・クロス** Johann Georg Kloss（1787~1854）；フランクフルトの医学教授、医師。1805年フランクフルトのロッジ「協調」に受け入れられ、1828年に親方、1836年に大親方に。古い印刷物の蒐集家でフリーメイソン関連の文献を集めて、それに基づくフリーメイソンの歴史研究をおこない、1842年に「協調」の歴史を纏めた。1843年に『フリーメイソンおよびそれと関連する秘密結社の文献目録』を整理。主著は『真の意味でのフリーメイソン』および『フランスにおけるフリーメイソンの歴史』の2巻本（1852/53）。

7) **ラインホルト・タウテ** Reinhold Taute（1851~1915）；「ドイツフリーメイソン協会」の書記として『フリーメイソン書誌』（1866）や『カトリック思想とフリーメイソン』などを著す。

8) **アウグスト・ヴォルフシュティーク** August Wolfstieg（1859~1922）；ベルリン議会の図書館長でフリーメイソン研究家。フリーメイソンとしてもベルリンの「燃える石のピタゴラス」で重要な働き。『キリスト教、人道主義、フリーメイソン』や『フリーメイソンの思想』『フリーメイソンの始原と発展』（1917）『フリーメイソンの哲学』（2巻本）など多くの著作を残す。

9) **フリードリヒ・ルートヴィヒ・シュレーダー** Friedrich Ludwig Schröder（1744~1816）；ハンブルクの劇場支配人、舞台監督。当時シェクスピアをドイツに導入、上演した。1774年ハンブルクのロッジに参加、同年俳優のためのロッジ「温かき心のエリサ」を創設、1777年まで続く。1787年にウィーンからもどり、ロッジの指導者に選出。シュレーダーは問題となっていた高位位階システムを批判、純粋なヨハネの位階を推奨して、フリーメイソンに関しても最も生産的改革を提案し、ロッジの現実的改革を主張。「真実は単純であるのだから、シンボルも単純でなければならない」というのが彼の標語であった〔第1章註20〕も見よ）。

10) **クルト・トゥフォルスキー** Kurt Tucholsky（1890~1935）；ベルリン生まれの作家。いくつかの偽名で社会風刺的作品を発表、1924年にパリに移り、1927年に『世界舞台』の記者に。カフカと親交を持ち左翼平和主義者としてナチスを批判、作品は焚書の対象となり、スウェーデンに移り1935年に死亡。

11) **大勅書「イン・エミネンティ」**；1738年、教皇クレメンス12世により出された反フリーメイソンの最初の教皇勅書。

12) **アレック・メロー** Alec Mellor；Logen, Rituale, Hochgrade. Handbuch der Freimauerei, Graz1967（『ロッジ、儀礼、上級位階・フリーメイソン・ハンドブック』）の著者。

13) **ジョセフ・ド・メーストル** Joseph de Maistre（1753~1821）；当時のサルデーニャ王国のシャンペリ（現フランス）の伯爵家生まれのカトリックの思想家であるが、トリノ大学法学部を卒業後フリーメイソンに属していた。フランス革命には最初好意的であったが、やがて反対に転じ、1796年に『フランスについての考察』を発表。反革命の論客となる。

14) **「我々の時代の主要な誤謬」**；教皇ピウス9世は1864年に教会と国家の分離やナショナリズムその他の思想（フリーメイソンなど）を誤謬とする「我々の時代の主要な誤謬表（シラブス）」を発表、69年には教皇不誤謬性を宣言、1770年のイタリア王国によるローマ併合に抵抗した。

15) **「文化闘争」**；1871～1878年、統一されたドイツにおける国家とカトリック教会の闘争。ビスマルクは統一ドイツにおけるカトリック教会と中央党の勢力を排除しようとする「五月法」を発布、「文化のための闘争」と宣伝したが、教皇と中央党の強い反対を受ける。穏健派の教皇レオ13世が就任した1878年に収束にむかう。

16) **オーギュスタン・バリュエル** Augustin Barruel（1741~1820）；イエズス会の司祭。ジャコバン主義の

歴史を本文にあるように「百科全書派＋フリーメイソン＋イルミナティ＝ジャコバン主義者」として定式化、その後の「陰謀論」の基礎を与えた。

17）ヨハン・アウグスト・シュターク　Johann August Starck（1741〜1816）；ドイツの牧師。ペテルスベルク、パリ、ケーニヒスベルクなどで神学哲学を講義。自ら「テンプル騎士団」を創りその長となり、その目標をイエズス会によるフリーメイソンの征服とする。そのためカトリックではないかと受けとられ、（実際カトリックになった？）その弁明として1770年に『フリーメイソン修道会の弁明』を著し、1785年には『聖にケーゼ』においてフリーメイソンを攻撃した。

18）ジョン・ロビンソン　John Robinson（1739〜1805）；スコットランドの将校、文筆家。エジンバラのアカデミーの自然科学の教授。フランス革命後におけるフリーメイソンおよびイルミナーテンの世界陰謀論の最も早く熱心な擁護者。イルミナーテンはフランス革命の黒幕であるが、その背後にフリーメイソンがいたとする。後に、彼はイギリスのフリーメイソンをその嫌疑から除外した。

19）レーオポルト・アーロイス・ホフマン　Leopold Alois Hoffmann（1759〜1801）；彼はウィーンのロッジに所属していたが、フランス革命の勃発後に退会し、熱心なフリーメイソン批判者となった。彼は『ウィーン雑誌』に匿名で多くの批判を書き、皇帝（レオポルト2世とフランツ2世）にフリーメイソンに対抗する秘密組織を創ることを提案した。特に注目された文書は『ウィーンのフリーメイソンに関するビーダーマンからビーダーマンへの手紙』と『二人の姉妹PとW．もしくは新たに発見されたフリーメイソンと革命の組織』であり、そこではフリーメイソンが全世界に組織されていて、国家にとって「恐るべきもの」になっている、ウィーンは革命のパリの真の姉妹であると書いていた。

20）ヨハン・ゲオルク・フォルスター　Johann Georg Forster（1754〜1794）；父親に付いてクックの世界旅行に参加、帰国後大学教育を受け文筆家に。1775年『世界一周旅行』を書き、パリ並びにカッセルの大学で自然史を教授。プロテスタントと人文主義者としてカトリックに対立。1788年マインツの図書館員となる。

21）ローレンツ・ハシュカ　Lorenz Haschka（1749〜1827）；国歌「神よ皇帝フランツを援けたまえ」を作詞、ハイドンが作曲。皇帝フランツの取り巻きとして、ホフマン等とともに反フリーメイソンの立場をとった。

22）**有徳同盟**；1808年ケーニヒスベルクで28人のプロイセンの愛国者によって設立された「学問的道徳協会」。その内14名がフリーメイソン。その目的は、国家を失ったプロイセン国民の肉体的政治的力に代えて、プロイセンを精神的、知的、道義的力により再興することにあった。有徳同盟の基本規定には、フリーメイソン的な良き市民とは真の人間性の上に成り立つという理念が据えられた。国王には承認され、いくつかの都市に支部ができた。1809年の名簿には699人の成員を数え、その中にはプロイセンの将校ボイエンも含まれていた。しかし国王による「北ドイツのジャコバン」の疑いにより1809年に解散された。

23）エデュアルト・エミール・エッカート　Eduard Emil Eckert（不詳〜1866）；プラハの弁護士として活動、1849年ドレスデンの『自由意志的ザクセン新聞』を編集、あるロッジから入会を拒否され、本文にあるように1848年革命はフリーメイソンの仕業であると主張、新聞でフリーメイソンの禁止を訴え、ザクセンの議会は将校のロッジ参加を禁止した。後にプラハとウィーンで新聞を編集し、同じくフリーメイソンの禁止を要求した。

24）G. M. パハトラー　G. M. Pachtler（1825〜1889）；イエズス会司祭。1970年代に「無神論のフリーメイソン」の理想を「邪神の人道主義」と名付けた。彼はその後長く読まれ引用された主著『王冠と祭壇に対する静かな戦争または、フリーメイソンの否定面』と『人道主義の偶像またはフリーメイソンの肯定面』を著した。

25）カール・ハイゼ　Karl Heise（1872〜1939）；1919年に『協商フリーメイソンと世界戦争』など一連の反フリーメイソンの文書を発表、ヴィヒトルの書物とともに、根拠もない駄作とみなされている。

26）セルゲイ・ニルス　Sergei Nilus（1862〜1929）；ロシアの放浪司祭。1903年に怪しげな『微小の中の偉大さ、そして近代政治的可能性としての反キリスト』を発表、その第三版の付録に「シオンの議定書」が紹介され、それが「ユダヤ・フリーメイソン陰謀の証拠として英語、フランス語、ドイツ語に翻訳されていった、しかし1921年になって、それは1864年にフランスのモーリス・ジョリーが出版した『マキャベリーとモンテスキューの地獄に置ける対話』と題する書物の盗作であることが判明した。

27）修道会「ブネイ・ブリス」；1843年ニューヨークに組織された修道会連合。ユダヤ市民の利害を代表し、その道徳的倫理的完成を目指した。1882年、当時シュテッカー流の反セム主義が流行していたドイツ（オーストリア）に

移植され、広まった。儀式や規範はフリーメイソンのものとは異なり、女性は入れなかったが、女性組織や若者組織があった。

28) ポール・ド・ラガルデ Paul de Lagarade（1827~1891）；ドイツのオリエンタリストおよび哲学者。ゲッティンゲン大学教授。国家と教会の分離、「国民教会」の設立を主張。その人種論的反ユダヤ主義はナチ思想に重要な影響を与えた。

29) ヘルマン・ラウシュニング Hermann Rauschning（1887~1982）；1926年にダンツィヒでナチ党に参加、1933年ダンツィヒ参事会議長。ナチのガウ指導者との軋轢で1934年に職を辞し、スイスに亡命。多くのナチ批判の書を書き（特に『ニヒリズムの革命』、『ヒトラーとの対話』）、1948年以降アメリカへ。

30) P2；イタリアのフリーメイソンロッジ Propaganda Due（P2）の略称。19世紀に創設されたとされるが、戦後1960年代に実業家リチオ・ジェッリによりP2として独自の綱領を持った。そのため大ロッジより閉め出され、1982年にはイタリア議会により解散されたが、独自の秘密組織として存続した。そのため左右のあらゆる政治的陰謀や犯罪、暗殺、誘拐に関与するかその罪をきせられた。しかしその組織には、イタリア内外の有力者が参加していたので、取り締まりをまぬがれていた。しかし、1981年にジェッリは逮捕され有罪判決を受け、その後毒殺された。その後もP2は国際的組織として存在し続けているといわれる。

終章

フリーメイソンの影響史について

社会的発展過程におけるフリーメイソンの影響の歴史については、近代初期以来ほとんど学問的研究がない。その理由はフリーメイソンが国家、政治、社会に与える直接的影響を論証することが極めて難しいという事実による。フリーメイソンの敵対者たちは、論証の極めて難しい影響力を常に悪魔化し、政治権力として誤解している。多少なりとも真面目で現実的なフリーメイソンの社会的作用の評価は、まず第一に、個人の自己形成とその自己形成綱領とその目的がそれぞれの時代の本質的思想潮流とどれだけ適合性を持っていたかを関連づけねばならない。個人（成員）は様々な職業領域からの人々であるが、フリーメイソンの成立発展の時期にはもっぱら貴族、聖職者および上昇市民層からリクルートされた。他方、下層の人々はずっと排除されていた。フリーメイソンが小市民層からの人々を受け入れるようになったのは、ずっと後のことであった。

フリーメイソンが近代初期のドグマの解消に貢献し、啓蒙主義と世俗化、市民諸革命特にフランス革命において一定の役割を果たしたことは、研究の中では広く認められている。彼らは、明らかにその（直接の）担い手ではなかったが、フリーメイソンの人道主義と寛容という理念は、その精神史的発展、政治的展開において重要な役割を果たした。確かにフリーメイソンはその活動家や先駆者として表面には出てこないが、少なくともその誘発者、推進者として化学的な触媒としての役割を果たした。フリーメイソンと革命の複雑な関係の一つの具体的例証としては、その機能的役割が強調される。後期啓蒙主義の時代とフランス革命の始まりの時代におけるロッジは、革命運動の共同謀議の中心でもなく、イデオロギー的委員会の中心でもなく、むしろ第一にはその集合場所、議論仲間や情報伝達の中心であり、個人的コンタクトの場であり、思想と文書の組み替えの場、啓蒙と革命の思想にとっての出発点であり接合装置であった。フリーメイソンはその思想と行動方法を持って、その成員の文化的、人道的、倫理的責任において、社会的発展の精神的準備に参加したのである。特に、社会的政治的状況がフリーメイソンの人道的倫理的願望と対立していたときにそうであった。

以上述べたフリーメイソンの触媒的作用は、啓蒙であるとか、西欧的民主主義とか近代的議会主義や社会国家の成立といった重要な歴史的発展と関連して、少なくとも断続的に証明される。フリーメイソンはまた、人権思想の広がりや世界平和に賛同し関与したが、そうした努力は無駄ではなかった。今日フリーメイソンは、人道主義や啓蒙、寛容の思想といった彼らの中心的思想のさらなる発展のために努力している。その際重要であるのは、「再帰的」啓蒙、共生的寛容、そして新たな人道主義といった思想のさらなる発展である。フリーメイソンの内部においても（個人的思想には広い自由が存在するとしても）最小合意が成立している。それはフリーメイソンの新たに制定された基本規律は、今日においても、重要な課題であるということである。

時代の精神的状況は「合理的秩序とその反対世界」（Michel Foucault, Max WeberおよびCornelia Klinger）という定義で特徴づけられる。近代（モデルネ Moderne）の時代は、近い将来にその終焉を迎えるであろうという次第に強まる印象のもとで、今日フリーメイソンの内部でも理論的な把握を試みる努力が行われている。その際、優先的な近代化ないし近代性はすべての社会領域と智の領域の合理化プロセスと同義とされる。こうした過程には逆流的傾向が対立している。近代（モデルネ）とポスト近代の間の緊張関係のなかで、フリーメイソンの位置の確定に際しては4つのモデルが考えられうる。その際の最も決定的な基準は、近代化の主流とみなされる領域とその反対派と位置づけられる領域の間の関係をどのように構想するかの

問題である。そうした基礎の上において、外在化概念、分離独立概念、相殺概念、相関関係概念（の４つのモデル）について議論することができる。

　もっとも簡単であるが同時にもっとも問題であるのは、近代（モデルネ）に対する対抗運動に関して、それを前近代の生活、社会秩序の残滓とみなし、それらは近代化過程によって次第に淘汰されるとみなすか、―それとはまったく逆に―それを将来の近代（モデルネ）の克服の始まりとみなすかという見解である。

　以上に示した分離対抗的概念として示した見解により、近代化過程に対する対抗潮流を近代化過程に所属する運動と認識する方向への最初の一歩が設定される。その際確認されることは、主観主義とか感覚文化あるいは自然や過去への懐古的言及といった一定の現象は、そもそも近代（モデルネ）の基盤の上で初めて成立し、その独自の結果として評価されるべきであるということである。この脱中心化した世界理解は、一方で人間関係の世界と認識論的に物質化された関係の可能性を開き、他方で、物質化の命令により解放された主体性の個人化された欲求との交流の可能性を提供している。こうした意味で、マックス・ウェーバーは価値領域の３つのグループ分けをおこなっている。それらは全体として近代合理性の集合体を形成し、近代の過程の中で分離独立して独自に発展していったというのである。（自然）科学や技術といった認識できる合理性の集合体と、自然法や（プロテスタントの）倫理のような評価による合理性のグループとならんで、ウェーバーは、美学的に表現される合理性に第三の領域を与える。近代（モデルネ）の発展は、学問や技術、産業の発展によって推進されたが、さらに合理的な行政実践、法実践およびそれに対応する価値・行動規範によって推進された。今日の傾向は、目的合理性から価値合理性的な行動システムへのアクセントの移動が行われている。近代（モデルネ）化過程における観念論的理性（啓蒙の弁証法）に対して、実践理性の重要性が強調されるだろう。

　近代世界と美学的ないし好色的隠遁の治外法権的場の対立関係を機能関係として解釈することは意味のあることである。そうした解釈が可能であるならば（意味のあることならば）、こうした分離独立は相互補足モデルないし補完モデルに移行する。その際には、人は、学問と技術、経済と社会、法と政治の関係に存在するのと同じ論理に従わない一定の領域が存在するという前提から出発する。そのことによって、それらは理性の概念や近代の過程と対立的なものととらえられる。しかしそれらは、その世界の外部や向こう側ではなく、同じ世界の中で、異なった場に、対立する両極の内部に包摂され、関係の内部に存在するものととらえる。そこから出される結論は、各対極は別の価値領域のものではないものを持ち、それらは他の領域が持っていない価値を持っていて、相互に補完しあうように行動するというものである。こうした相互補完概念の特異な特色は、近代批判の基本姿勢の中では、同時に近代を合理化過程とする考え方の不可避性、さらにはその優勢への確信に依拠していることである。補足関係の理論は強くフリーメイソン的方向性のものである。

　相互補完機能が意識的に積極的に否定される局面が前面に出ている場では、我々は第四のモデル、すなわち合理化過程とその対立的流れの関係（モデル）に行き着く。その概念は、フリーメイソンの精神的活動にとって特に有効である。というのはそこではもはや対立が中心問題ではなく、近代のさまざまな価値領域が中心であるからである。それこそフリーメイソンの場である。議論の出発点は次のような事実にある。すなわち近代化過程から排除され、それを相殺するためにそれに対置する領域は、その内に不可避的にかつ明確にその独自のサブシステム的近代を創り出すという事実である。美学の

領域では、そのことは例えば、形式言語の創出を意味する。それは近代世界の対立、矛盾を表現し、さらには反射的にその対立を強化してしまう。ユルゲン・ハーバーマスは、彼が誤った道として拒否する芸術の止揚の代わりに「生を追求する力」としての芸術を設定する。彼は、芸術的経験について発言し、それは簡単に趣味的判断に置き換えられるのではなく、「生の歴史状況を解明することに利用され、生の問題」と関連付けられる。3つの文化的価値領域は、価値要求によって特殊化された智の創造・伝達が保障されるように、それに対応する行動システムに結びつけられねばならない。専門家の芸術により発展させられる認識能力は彼の側では、さらに伝達的な日常実践に導かれねばならない。そのことは他の言い方で言えば、終わることのない課題という意味での「再帰的」啓蒙の計画である。第三の価値領域の特殊性と見えること、その「非合理性」その「異在性」は捉えられていない近代に他ならず、部分的には近代の隠された傾向に他ならない。第二の（もしくは新たな）啓蒙はそれらを近代の一部と認識し、それに対応した位置を与える。フリーメイソンの基本的理解においては、それは人間の様々に異なる次元の集合体を意味するであろう。合理的に認識できる構造、感覚、気分、感覚などの社会的行動範囲は（個々の行動を超えて）非常に拡大している。その結果、統一、全体性とその意味、人間や社会に前提されているもの、発見し認識する価値のあるもの、そうしたものはもはや伝統的なものとして設定できない。そしてまた社会を通じ、個々の個人を超えて定められ、創り出しているものもそうである。こうしたことが、社会的政治的に能動的なフリーメイソンにとっての出発点となりえるし、それは21世紀に向けてさらに考えられ、具体化されていかなければならない。

訳者解説

　日本におけるフリーメイソン研究は、最近にわかに盛んになってきて、陰謀論に則った際物(きわもの)的読物からようやく学問的な歴史思想的研究がおこなわれはじめているが、その運動の始まりや研究の関連でイギリスでの発祥史、特に啓蒙主義との関連でアメリカ独立革命やフランス革命と結びつけてのフランスやアメリカの運動の分析が重視されてきているように思われる。しかし、特に陰謀論との関連だけではなく、啓蒙主義との関係においても、ドイツ語圏のフリーメイソンの歴史的展開の中での分析も実は重要な意味を持つものである。そうした意味でラインアルター教授の分析は貴重で、その分析は、ドイツ語圏の歴史や思想の錯綜した展開の中において、「フリーメイソン陰謀論」批判を一つの軸に、フリーメイソンの歴史を理解しているといってよいであろう。しかし、ドイツの歴史そのものが複雑な内容を持ち、その中であまり表立った活動を展開しなかったフリーメイソンの歴史と、陰謀論の発生を理解することは極めて難しいといわざるを得ない。そこで、我々訳者は、それぞれの研究の守備範囲内において、本書の理解を援けるために、簡単な解説を付け加えておきたいと思う。歴史研究を専門とする増谷が、ドイツ語圏の歴史とフリーメイソンの歴史のかかわり合いの概略とその特徴を提示し、上村はその専門である18世紀研究との関連で、啓蒙期ハプスブルクにおけるフリーメイソンの位置づけを論じようと思う。

[解説1]
ドイツ語圏におけるフリーメイソンの歴史展開とその特徴
―― フリードリヒ大王からナチの迫害まで ――

増谷 英樹

● 創設期

　ドイツにおけるフリーメイソンの組織と運動は、イギリスの影響を受け、その指導下に始まった。イギリスのロッジの人名リストの中には、早くからドイツ出身の名前がみられる。その最初の人物はアルブレヒト・ヴォルフガング・フォン・シャウムブルク＝リッペ伯爵（Graf Albrecht Wolfgang von Schaumburg-Lippe）であり、彼はすでに1725年にロンドンのロッジ「ラムと葡萄酒」のリストに載っていた。

　ドイツにおけるロッジの創設はイギリスとの商業

ロッジ活動を指揮するフリードリヒ大王

取引が盛んであったハンザ都市において、18世紀はじめに試みられた。1733年、大親方ストラースモーアのアールが11人のドイツ人「ジェントルマン」を集めてハンブルクに1つのロッジを創る試みをおこなったが、結局失敗に終わった。その後1737年に、それ以外ではほとんど知られていない将校のチャールズ・サリーがハンブルクにやってきて、あるワイン酒場でフォン・オーベルクや外科医カルプザーなどの若者と知り合い、彼らをフリーメイソンに獲得することに成功し、ハンブルクで最初のロッジ「ロッジ・ハンブルク」を組織した。

オーベルクはその後ロッジの指導者=「大親方」となり、1738年に、シャウムブルク=リッペ伯の紹介と連絡により、8月14〜15日の夜にブラウンシュヴァイクで、プロイセン皇太子、後の国王フリードリヒ2世（大王）をフリーメイソンに受け入れることに成功し、特別のロッジ「皇太子ロッジ」を形成し、オーベルク自身がその親方となった。フリードリヒは国王になるとロッジをベルリンのシャルロッテンベルク宮に移し、自らそれを指導した。彼の血縁の兄弟たちもフリーメイソンに加わり、彼の従兄弟で後継者であるフリードリヒ・ヴィルヘルム2世もフリーメイソンとなった。結局その後、プロイセンの支配王朝となるホーエンツォレルン家の指導者は、ほとんどがフリーメイソンに加わることになる。例外としてフランス革命とその後の時代のフリードリヒ・ヴィルヘルム3世は政治的理由から加わらなかったが、フランス革命ないしナポレオンに対抗するためにフリーメイソンであるシュタインとハルデンベルクにいわゆる「プロイセン改革」を行なわせた。後に初代ドイツ皇帝となるヴィルヘルム1世は父フリードリヒ・ヴィルヘルム3世の許可を得て、すでに皇太子時代にフリーメイソンに加わり、積極的な活動を行っていたと伝えられる。そ

のヴィルヘルム1世は次のように書いていたという。「フリーメイソンロッジは、真の畏敬の念、キリスト教的敬虔さ、道義的徳、真の祖国愛、支配者に対する正しい敬意と忠誠に基づく確かな臣民意識の有効な養成所である」と（Eugen Lennhof/ Oskar Posner, Internationales Freimauer-Lexikon. Unveränderter Nachdruckder Ausgabe 1932, Wien1975. S. 709.）。

プロイセンにおけるこうしたフリーメイソンの運動の展開とその後の発展のあり方をみると、それが最初からホーエンツォレルン家の王朝に取り込まれ、その保護下に発展し、その支配イデオロギーの一部として利用され、発展させられていったという側面がみられる。それはフリーメイソンの発祥地であるイギリスにおいても早くから見られた現象であり、イギリスの王ないし皇太子もほとんどがフリーメイソンであった。プロイセンはその内容において相違はあるが、イギリスの前例に習ったものである。

ハプスブルク家の支配下においては、フリーメイソンの歴史は多少異なる。

ハプスブルク家の支配領におけるフリーメイソン組織の成立は、1726年のフランツ・アントン・フォン・シュポルク伯によるプラハの「三つの星」という名のロッジが最初とされるが、その成立年には異論もある。ウィーンにおけるロッジの成立は1742年のホディッツ伯によるロッジ「三つの規律」の設立であるとされる。それはブレスラウのロッジ「三つの骸骨」の娘ロッジであった。1784年の『フリーメイソンジャーナル』は、このロッジがしばしば王宮で活動していたことを伝えている。それはこのロッジにはマリア・テレジアの夫君ロートリンゲン公フランツ・シュテファン（後トスカーナ大公、1745〜65年神聖ローマ皇帝フランツ1世）が参加していた可能性を示すものであった。フランツ・シュテファンはすでに1731年にデン・ハーグでデザギュリエを団長とするイギリスの代表団によってフリーメイソンに受け入れられていた。

フランツの皇帝選出に際してウィーンのロッジは祝いの詩を送ったが、ウィーンのロッジの書類にはフランツ・シュテファンの名は見られない。しかしフリーメイソンとしてのフランツの影響は、当時の教皇と皇帝の支配権をめぐる対立において意味を持った。両者の対立は、本文にも述べられているように、1738年の教皇クレメンス12世の大勅書「イン・エミネンティ」をめぐって起こった。反フリーメイソンのこの大勅書を知ったトスカーナの支配者はすぐトスカーナ大公であるフランツ・シュテファンに助言を求め、フランツ・シュテファンはそれを無視するよう助言した。結果として教皇はその大勅書を、教皇権が強く及んでいるスペイン、ポルトガル、ポーランドにおいてのみ発布・発効させることができたが、皇帝権の強いドイツ語圏には発布さえできなかった。皇帝自身がフリーメイソンであったことが、それなりの意味を持ったのである。しかしウィーンにおける状況は微妙であった。幼少時からイエズス会の教育を受けてきたマリア・テレジアは、心情的にもユダヤとフリーメイソンを嫌っていて、彼らを近づけなかったからである。実際、1743年3月7日にマリア・テレジアはバウエルンマルクトのマルガレーテン宮に集まっていたフリーメイソンのロッジ集会を近衛兵に襲わせ、そこに居た者たちを逮捕させた。襲撃の理由は不鮮明であるが、襲撃には男装したマリア・テレジアも参加したという噂もあり、嫉妬が原因ともされたが、皇帝と教皇の権力争いの陰の一幕でもあると理解すべきであろう。逮捕された者たちは枢機卿の臨席下で一時厳しく尋問されたが、すぐに釈放されたのはシュテファンの影響力であったのであろう。ゾンネンフェルスのようなユダヤからの改宗者で啓蒙主義的なフリーメイソンは、マリア・テレジアの国家改革にも助言を与えていた。彼は刑法において拷問を廃止させたりしている。

1780年マリア・テレジアが死去すると、息子のヨーゼフ2世の単独支配が始まり、彼の啓蒙主義的改革が本格的に始まる。特にハプスブルク帝国領（ハプスブルクの家領）において、カトリック教会の影響力を排除し、啓蒙的統一国家の設立を目指していたヨーゼフ2世は、「寛容令」を発布し、宗派の自由を定めるとともに、領土内の700もの修道院を廃止し、その教育権を停止するなど、啓蒙的諸改革を押し進めた。その際、ヨーゼフ2世はフリーメイソンを含む啓蒙主義者を重用し、その意見を聞き入れたが、啓蒙専制君主としてのヨーゼフは、プロイセンのフリードリヒ2世とは異なり、フリーメイソンに加わることはなかった。ヨーゼフ2世は、ベルリンから派遣され、彼をフリーメイソンに勧誘しようとした使節団に対して、次のように答えていた。「私は皇帝として、我々の民に対する保護を私1人で承認する事はできない。私は問題を帝国議会に懸けねばならない」と（Kuésse/ Scheichelbauer, 200 Jahre Freimaurerei in Österreich, Wien 1976.）。その背景には、ドイツとウィーンにおける後に述べるイルミナーテンの運動が影響していたことも確かである。ヨーゼフ2世は、むしろフリーメイソンの組織を当時のロッジの指導者ボルンを通じて自らの支配下に置こうとした。ウィーンおよび支配領域全体のロッジを統制し、その数を制限し、それらを警察の監視下に置いた。ウィーンのロッジの数は2〜3に、成員は180人に制限された。当時ウィーンのロッジの指導者であったボルンなどはそうした統制にもかかわらず活動を続けたが、統制はフランス革命の勃発後「ジャコバン主義事件」などを契機に強化され、ヨーゼフの後継者レーオポルト2世やフランツ2世によって、フリーメイソンの弾圧に利用されていった。

● フランス革命前後

　フランス革命は、ドイツ語圏のフリーメイソンの発展にも大きな影響をもたらした。フランス革命がフリーメイソンによって引き起こされたという言説は、革命中ないしその後に繰り広げられた「陰謀論」によるものであり、現実のものではないが、それ以降のフリーメイソンの歴史に大きな影響を与えたことは確かである。ドイツ語圏においてもその影響は大きなものであった。まず陰謀論の論拠とされたドイツの秘密組織「イルミナーテン」の成立について見てみよう。

　ドイツ語圏のバイエルンには革命の寸前に一つの新しい思想運動が成立し、フリーメイソンの活動に大きな影響を与えていた。1776年にインゴールシュタット大学の教授アダム・ヴァイスハウプトがイエズス会の大学教育に抵抗して、学生たちに教会的なドグマではない学問的啓蒙的教育を与える組織をつくり、それを「イルミナーテン（啓蒙主義者）」と名付け、その組織にはクニッゲ男爵その他の有力なフリーメイソンも参画していった。彼らは組織的にはフリーメイソンに参画して、その活動を次第に過激化させ、政治的性格を表面化していった。その運動はミュンヘンやウィーンにも拡大され、ドイツ全土で600から700に及んだとラインアルターは述べている。その会員は大学教授や官吏、司祭、貴族に及んだため、カトリックのバイエルン選帝侯のカール・テオドールは危機を覚え、1785年にこれを禁止し、弾圧した。ヴァイスハウプトは国外に亡命、組織は解散させられた。この運動はその後に起こったフランス革命の原因論に大きな影響を与えた。革命が勃発すると、イギリスのフリーメイソンのジョン・ロビンソンとフランスのカトリック司祭のバリュエルがイルミナーテンの残された書類などを論

拠に、それぞれにイルミナーテンの「陰謀論」に関する本を書いて、革命がフリーメイソンとイルミナーテンの陰謀であるとした。それはバリュエル『ジャコバン主義の歴史のための覚え書き』（1797〜98）、ロビンソンの『フリーメイソン、イルミナーテン指導的秘密結社で議論されたヨーロッパのすべての宗教と支配者に対する陰謀の証拠』（1797）であり、バリュエルはその根源は百科全書派のヴォルテールなどの啓蒙主義者たちであると論じた。実際にはフランスの革命にはフリーメイソンが組織として参加することはなかったが、フランスのフリーメイソンがバスティーユの襲撃その他に「個人的に」多数参加したことは事実であり、ナポレオンも彼らを利用していったので「陰謀論」は革命の敵対者の間で広まった。ドイツ語圏では、プロイセンが革命に対抗してフリーメイソンのシュタイン、ハルデンベルクなどによる「プロイセン改革」を推進した。しかし王家は相変わらずフリーメイソンに留まり、その保護者であった。ただし、ナポレオンに嫌われたシュタインはオーストリアに亡命を余儀なくされた。そのオーストリアではでっちあげられた「ジャコバン主義事件」によって、多数のフリーメイソンが逮捕され、裁判に架けられた。神聖ローマ帝国の皇帝を退位し、ナポレオンに対抗して「オーストリア帝国」の皇帝となったフランツ1世は、フリーメイソンを禁止し、警察により厳格に監視させた。シュタインも警戒された。フランス革命に主要に対抗していたハプスブルク=オーストリアでは、「陰謀論」が容易に受け入れられ、政治そのものに反映させられていったのである。

● 19世紀

　ハプスブルク=オーストリアの支配下においては、すでにフランツ2世による秘密組織禁止令によりフリーメイソンの組織は厳しく禁止され、ウィーン会議において試みられた組織の再興もすべて実現されず、メッテルニヒの支配下においても再興の試みは失敗に終わった。1848年革命の最中の10月に革命下の大臣の許可により「聖ヨーゼフ」という名のロッジがある貴族の館で再開されたが、すぐにヴィンディッシュグレーツのウィーンの軍事支配下で禁止されてしまった。それがフランス革命後の唯一の活動であった。その20年後にようやく、オーストリアでも奇妙な方法でフリーメイソンの活動が再開された。それは次のようなやり方であった。1867年のアウスグライヒにより、二重帝国のハンガリーでは王国政府の判断で、フリーメイソンの組織が許可され、ハンガリーに成立したロッジにはウィーンの多くのフリーメイソンが参加したのである。ウィーンでもロッジを形成しようとする彼らの試みは拒否されたが、「非政治的協会」には許可が与えられ、1869年に「博愛兄弟協会」が成立した。それはハンガリー政府の許可を得て両国の国境に創られたハンガリーの「国境ロッジ博愛」組織の配下におかれることになった。「博愛」はオーストリアの国内でも非政治的な慈善活動を行う許可をえて実際の活動に従事していった。子供や青年達の教育施設や療養施設、養老院、盲目院などの多くの施設が建設運営されていった。そうした慈善活動が19世紀後半のオーストリアのフリーメイソンの実践活動であった。20世紀に入ると、フリーメイソン禁止状態への抗議や廃止の訴えも起こったが、「国境ロッジ博愛」の形態は45年続いた。ようやく1918年にオーストリアの憲法の改革がおこなわれ、その結果11月にはウィーンに14あった非政治的ロッジがすべて集まり、「ドイツ・オーストリア大ロッジ」を形成することに成功した。サンジェルマン条約で成立したオーストリア共和国では、1931年にはこの大

ロッジは24のロッジと1800人の成員を持っていた。

そうしたハプスブルク＝オーストリアの状況とは全く異なる展開を示したのはプロイセンのフリーメイソン組織である。プロイセンの支配王朝のホーエンツォレルン家の国王と後のドイツ皇帝のほとんどがフリーメイソンに属していたことにより、フリーメイソン陰謀論はプロイセンでは受け入れられず、フリーメイソンはむしろイギリス、フランスの啓蒙主義を取り入れた王国の「改革派」として支配体制に組み入れられていった。フランス革命期の1798年の「秘密組織予防法」は、ベルリンのロッジとプロイセンの大ロッジなど3つの大ロッジの名を挙げて、それらを禁止されるべき秘密組織から外していた。そのおかげで、フランス革命期とその後も、プロイセンのフリーメイソン組織は活動を続けることができた。1838年8月には、フリードリヒ大王の受け入れ100周年の祝いが全国大ロッジの主催でおこなわ

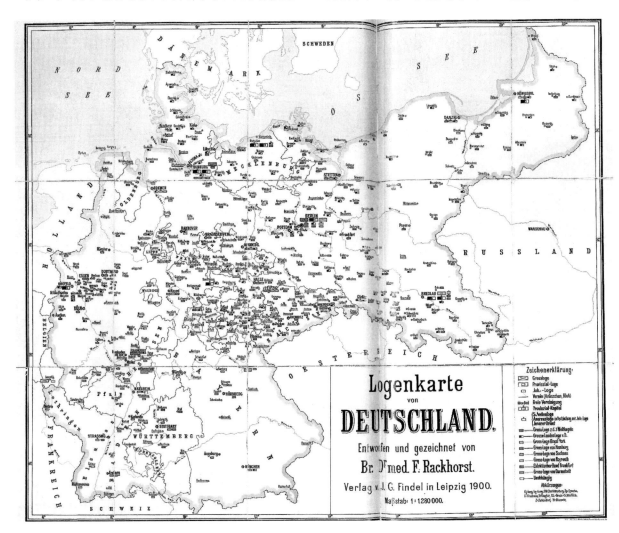

ドイツのロッジの分布；1900年頃。ポーランドとロシア、オーストリアではフリーメイソンは禁止されていた。ドイツでは西部、中部、北部に8つの大ロッジがあった。カトリックのバイエルンでは少ない。

れ、プロイセン全土から90のロッジが参加した。自らはフリーメイソンには加わらなかった国王フリードリヒ・ヴィルヘルム3世も、しばしばおこなわれたフリーメイソン攻撃に対して保護を与え、特にメッテルニヒからの攻撃には首相のハルデンベルクを通して対抗した。1840年5月に、フリードリヒ・ヴィルヘルム3世は息子のヴィルヘルム（後の皇帝ヴィルヘルム1世）がフリーメイソンに加入することを許し、1853年にはそのヴィルヘルムは息子の皇太子フリードリヒ（後の皇帝フリードリヒ3世）をフリーメイソンに入会させた。こうしてプロイセンにおいてフリーメイソンは常時、国王の保護下に置かれ、その政府や官僚の自由主義的傾向に影響を与えていた。ビスマルクは、ヴィルヘルム1世がフリーメイソンの兄弟たちにほとんど宗教的信仰に近いほどの信頼を寄せていたと非難していた。しかし息子のフリードリヒは自由主義的フリーメイソンの皇太子として、進歩派の希望を集めていた。両者は、19世紀後半に強くなっていった教皇やプロテスタントの牧師達からのフリーメイソンに対する攻撃や批判に対して、国家による保護を与えていた。

1866年の戦争後のプロイセン領の拡大により、それまでそれぞれの領邦国家のフリーメイソン組織はプロイセンの組織の指導下に入り、1870年皇太子フリードリヒはフリーメイソン組織の統一を主張した。1871年のドイツの統一とドイツ帝国の成立により、永らく望まれていた「ドイツ大ロッジ連合」の形成の機会が訪れた。しかし当時のフリーメイソンは「人道主義的」組織と「キリスト教的」組織原則の対立が存在し、底流にあった「ユダヤ問題」とともに統一の妨げになっていた。さらにプロイセンおよびドイツの政治的原動力としてビスマルクの軍事力による帝国統一は、自由主義的フリーメイソンの政策が排除されていく傾向を強めた。1888年の皇帝フリードリヒの死去により、フリーメイソンと国王・皇帝との直接の関係は断たれ、フリーメイソンの保護者となった皇太子のフリードリヒ・レーオポルトは、個人的にも重要な地位になく、フリーメイソンは王宮の祝祭時の儀式に利用されるにすぎなくなった。

● 20世紀

この時代からドイツのフリーメイソンは強力な攻撃に晒され始める。反ユダヤ主義反セム主義の攻撃が強化されてきた時代でもあったが、その2つはやがて結びつけられて行く。第一次世界大戦が始まると、ドイツのフリーメイソンは孤立する。外国のフリーメイソンとの関係は一撃で打ち切られたからである。

第一次世界大戦後のワイマール共和国時代に、フリーメイソンは右翼急進主義者の攻撃の対象とされた。ローゼンベルクの『フリーメイソン、ユダヤ教、イエズス会、ドイツ・キリスト教会の犯罪』（1921）は、「ユダヤ・フリーメイソンの世界支配の陰謀」の論理を宣伝するものに他ならなかった。「その目的の為にフリーメイソンは世界大戦を、ユダヤはロシア革命を企てたのだ」と。大戦の英雄であったエーリヒ・ルーデンドルフは妻との共に「ユダヤ、イエズス会、フリーメイソン」の「超国家的権力」を宣伝する著作やパンフを書いて、ドイツ中に講演旅行をおこない、後にはヒトラーの運動に参画した。彼はローゼンベルクの論理から多くを学んでいた。そうした宣伝は、戦後ドイツのナショナルな雰囲気の中で、多くの支持者や共鳴者を見出すことができた。

フリーメイソン自体もナショナルな思想に晒され、保守的ナショナルな思想、部分的にはフェルキッシュ（極端なナショナリズム）な思想に傾く者も現れた。

そのためインターナショナルな協調と和平を主張する者との協調は困難となった。1933年4月には、内相ヘルマン・ゲーリングの圧力により、多くのロッジがその名称を変更させられ、さらにその「憲章」をアーリア的なものとすることが求められ、攻撃は紙面や言葉によるだけではなく、屈辱や誹謗中傷、逮捕およびテロ行為にも及んで来た。最終的には1935年8月17日に内相フリッケがドイツにおけるフリーメイソンの禁止令を定めた。そのようにナチの政権把握後においても、ユダヤへの攻撃に比べ、フリーメイソンの禁止令が遅くなり、議論が長引いたのは、ナチの政権に唯一のフリーメイソンとして帝国銀行長のシャハトが入っていたことと、旧政権のフリーメイソン擁護者であったヒンデンブルクが大統領であったことが影響していたという説もある。しかし、1942年にローゼンベルクが東方占領地区の全権を任せられると、ユダヤとフリーメイソン並びに彼らと結んだナチドイツへの反対者が帝国に体する敵対者であると位置づけられ、「彼らとの計画的精神的戦いが戦争遂行の任務である」と位置づけられた。

　1933年にドイツのロッジに組織されていたフリーメイソンは、8万人であったとされるが、その内戦後まで残ったのは8000人であるとされる。その間の犠牲者に関しては、はっきりした数は知られていない。ユルゲン・ホルトドルフはその著書『口の堅い兄弟達。フリーメイソン・ロッジ；伝説と現実』(1984)において犠牲者の数を4800人（＝約6％）としている。その内訳は、自然死1750人、殺害62人、ドイツからの追放238人、行方不明133人、職業から追放・失職254人、商売被毀損285人、強制収容所への移送53人、抵抗運動への参加44人とされる。この資料はなんらの根拠も挙げられていないが、現在の研究の中では、もっとも詳細なものとされる。この中で、殺害の62人と強制収容所への移送の53人が、ユダヤの犠牲者にくらべると極端に少ないことに気づくであろう。その理由としては、「逮捕された多くのフリーメイソンは多くがユダヤであったか政治的は抵抗組織のメンバーであって、フリーメイソンであることだけが理由であったことは少なかったからである。強制収容所送りも同様である」と説明されている。

　戦後においては、戦前においてフリーメイソン組織がもっとも多かったプロイセン地域が、ソ連占領区になり、そこではフリーメイソン組織は永らく禁止されていたので、その復活は遅れ、その数はあまり増えなかった。それでもドイツ全体で「ドイツ統一大ロッジ」に組織されたフリーメイソンの数は2012年には14000人、ロッジの数は470であるといわれる。

　オーストリアにおけるナチ支配とフリーメイソンの関連は、多少異なる展開を示す。支配権力との濃厚な結びつきを持っていたプロイセン・ドイツにおけるフリーメイソン組織に対して、オーストリア＝ハプスブルク支配下においては、フランス革命後フリーメイソンはむしろ抑圧され、19世紀には基本的に禁止された状況にあり、その復活に際しては異なる要素を持っていた。

　オーストリア帝国領においてフリーメイソンが復活するのは、1867年以降であり、ハンガリーの国境に「国境ロッジ」が成立するという異色の形であったことは前述した。「フマニタス」(博愛)などの「国境ロッジ」はウィーンに非政治的な人道主義協会を創ることを許され、無料の小学校や保育所、助産婦院、捨て子養育院などを営むという活動をおこなっていたことも前述したが、ウィーンにおける最初の慈善協会「博愛協会」からは1874年に、活動家達により新たな協会「未来」と「ソクラテス」が成立した。その2つの「ロッジ」は名簿を残しており、それによれば両ロッジとも多くのユダヤの成員を抱えていた。「ソクラテス」の名簿には約50人の1820〜1860年生まれの若いユダヤの成員が見られ、その

成員の両親は18世紀末か19世紀始まりの人々であり、彼らはゲットーの廃止後の第一世代であり、彼ら両親たちは子供に聖書の名前かゲットーの町の文化的名を与えていた。そしてその成立成員ないしその両親達の半分以上がボヘミア（チェコ）、ハンガリー、ガリツィア（ポーランド南部）の出生地を持っていることが確認できる。ロッジ「未来」の場合は、名前は職業ないし住居に関連を持ち、ほとんどがウィーンに住んでいた。ウィーンの統計が宗教の表示を持つようになったのは1907年以降であり、1907年の「未来」の名簿には宗教表示が加えられている。それによれば、同ロッジの成員の中でユダヤ「教徒」は57％、カトリックは18％、プロテスタントは14％、無宗教が10％である。その後の成員の移民や国外追放などのその後の運命から考えると、非ユダヤの宗教を選んだ者の少なからずがユダヤ出身であると考えられる。すなわち、ウィーンの新たなフリーメイソン組織は、当時東方のユダヤゲットーから解放され、ウィーンにやってきたユダヤがウィーンの市民社会に自らを適合させようとしたときに最も門戸を開いていた組織であったとみることができるだろう。それは官製的なプロイセン＝ドイツのフリーメイソンのあり方と対比的な社会に開かれた自由主義的市民的なフリーメイソンのあり方であるといえるだろう。

しかし、そのことによりフリーメイソンはその後のウィーン社会の変化の中で、その存在の苦悩を経験しなければならなかった。1864～1890年、すでに触れたように、多くのユダヤがゲットー状況を脱し、非ユダヤの自由主義社会に統合するためにロッジに参加してきたが、非ユダヤの市民たちは、権威的カトリックの伝統に従ってフリーメイソンに背を向けていた。この時代は、多くの理由から、オーストリアのフリーメイソン組織の「ゲットー化」（反フリーメイソンの論者により使われた「ユダヤ化」批判に使われた用語）については、いうことができない。

当時は多くの社会的ないし政治文化的協会が成立していたからである。当時のユダヤ知識人のフロイトやシュテファン・ツヴァイクたちの言によれば、1860～1890年頃にはまだ反セム主義もそれほど強くはなかった。そうした自由主義的状況は選挙権の拡大とともに、キリスト教社会党とドイツナショナリズムの民衆的運動が拡がったが、オーストリアの法治国家的状況はまだ維持され、フリーメイソンの活動は自由であった。状況が大きく変わったのは、大戦後の第二共和制の時代であり、経済的不況と反ユダヤ・反フリーメイソンの宣伝が強化されたことによって、市民層の反セム主義的意識が強化されたのである。ドイツではナチの台頭が強められ、オーストリアにおいてもオーストリア・ナチの運動が強化されていった。

1938年の「合邦」によって、ドロテーア通りのフリーメイソンの本部は、ユダヤ本部とともに3月12日に襲撃され閉鎖された。「未来」の成員132名以下オーストリアフリーメイソンの運命は概略以下のとおりである。60～80％のオーストリアのフリーメイソンが、ユダヤとしてあるいはユダヤの出自故に迫害され、そのうち60％が亡命移民に成功。ただし、戦後に帰って来た者はほんの少数であった。10～15％が強制収容所において死亡、さらに10～15％がホロコーストの犠牲となった。5％が「特権者」として国内で生き残った。20％の者がナチの党員に加わろうとし、ほとんどが失敗。残りの70～80％はナチの勧誘に抵抗、抵抗運動に加わった。日和見主義的な者は20～30％で、国民全体の平均値で、抵抗者の数は平均を上回ると見られる。

戦後のウィーンでのフリーメイソンロッジの再建は、1945年に46人の兄弟で、1946年には64人の兄弟で、ゆっくりと行なわれた。ロッジはナチに加担した者は例外なく拒否している。

[解説2]
啓蒙専制体制下のフリーメイソン

上村 敏郎

はじめに

　本書でも描かれているように、18世紀のフリーメイソンを考察しようと思えば、啓蒙主義との関連を無視するわけにはいかない。どちらも18世紀に国を越えて広がった運動であり、参加者は重複することも多い。しかし、2つの運動を同一視することもできない。また、フリーメイソンが啓蒙主義を生み出したわけでも、啓蒙主義がフリーメイソンを生み出したわけでもない。とすれば、啓蒙主義とフリーメイソンはどのような関係性にあったのだろうか。2つの運動体が相互に作用し合っていたことは間違いないだろう。ヨーロッパに限定したとしても、それぞれの国の事情によって啓蒙のあり方もフリーメイソンをめぐる状況も異なる。

　近代フリーメイソン（思弁的フリーメイソン）の起源は、1717年にロンドンで大ロッジが創立され、1723年に『アンダーソン憲章』が公布されたことにある。このフリーメイソン運動はイギリスから大陸へ渡り、1730年代にヨーロッパ各地に広がった。ハプスブルク君主国との関係では、1731年に後にマリア・テレジアと結婚することになるロートリンゲン公フランツ・シュテファンがデン・ハーグのロッジで入会の儀式を受けている。ちなみにドイツ語圏で啓蒙君主の代表として挙げられるプロイセンのフリードリヒ2世は王太子時代の1738年に入会している。この時代、君主がフリーメイソンに入会することはそれほど珍しいことでもなかった。プロイセンではフリーメイソンと国家は手をとりあって発展していった。しかしハプスブルク君主国ではフリーメイソンの発展は一度断絶している。

　本書の著者ヘルムート・ラインアルターは、ハプスブルク君主国におけるフリーメイソンの最初の転機をヨーゼフ2世統治においている。ヨーゼフ2世は啓蒙君主として改革の遂行のためにフリーメイソンと協力していった。それにもかかわらず、ラインアルターがいうとおり、「皇帝がフリーメイソン勅令を出し、実際にオーストリアのロッジを警察の監視下においたことは、少し考えただけでは理解できない。勅令を導いた要因を説明するには啓蒙絶対主義とフリーメイソンの複雑な関係に立ち入らなければならない」（本書13頁）。そこで本解説ではこの啓蒙絶対主義とフリーメイソンとの複雑な関係を解きほぐしながらハプスブルク君主国でフリーメイソン勅令が出された要因とその影響について説明を試みたいと思う。

ハプスブルク君主国における啓蒙主義とは

　ハプスブルク君主国における啓蒙という文脈で啓蒙を捉えると、第一に挙げなければならないのは、宗教問題である。対抗宗教改革の推進者でカトリックの守護者を自任してきたハプスブルク君主国では、イエズス会およびカトリック教会が絶大な力を所有しており、18世紀半ばに至るまでプロテスタ

ントに対する迫害は続いていた。こうした中で啓蒙の課題となったのは、ルター以来の宗派対立の克服とすでにプロテスタントでは実現しているローマ教皇の影響圏からの離脱であった。イタリア啓蒙の先駆者ロドヴィコ・アントニオ・ムラトーリの行き過ぎ

た教権に対する批判は、オーストリアでも広く受容され、従来の信仰のあり方に対して、カトリック自身も自己批判を展開するようになった。カトリック啓蒙と呼ばれる教会内部で生じた刷新運動である。こうした動きはヨーゼフ2世の治世で政策的実現をみ

18世紀ハプスブルク家領オーストリアのフリーメイソン組織図

ることになった。

　また、数々の啓蒙的施策を試みたヨーゼフ２世の改革の担い手となった人々のことを、ヨーゼフ主義官僚とよんだりもするが、彼らにもハプスブルク君主国の啓蒙主義の特徴が色濃く反映されている。つまり、ハプスブルク君主国においては（啓蒙専制体制をとった多くのドイツ語圏諸邦でも同様の傾向が見られるが、）啓蒙主義と国家は対立関係にあるのではなく、協働関係にあったといえる。そして、多くの啓蒙主義者がフリーメイソンに所属していたことからフリーメイソンと国家との関係も必ずしも対立関係にあったわけではない。むしろドイツ語圏において、フリードリヒ２世が死に、ヨーゼフ２世のフリーメイソン勅令が発布される1786年ころまでは、協働関係にあることの方が多かったと考えられる。

ウィーンのフリーメイソン：イグナーツ・フォン・ボルン

　ウィーンにおいて啓蒙主義とフリーメイソンをつなぐ人物を一人挙げるならば、本書でも取り上げられたイグナーツ・フォン・ボルンだろう（本書77頁）。彼は、フリーメイソンの入会儀礼をコンセプトとしたモーツァルトの歌劇『魔笛』の登場人物ザラストロのモデルとなったことでも知られる。まずは簡単に彼の経歴をまとめてみよう。ボルンは1742年12月26日にトランシルヴァニアのザクセン系貴族の家系に生まれた。幼年期、ボルンはトランシルヴァニアのカールスブルクで過ごし、ラテン語を学び、おそらく1753年にウィーンに来てイエズス会系ギムナジウムに通った。1759年にイエズス会の修練士となるもその16か月後にはイエズス会を飛び出し、後にヨーゼフ主義を支える官僚の一人となるヨーゼフ・フォン・ゾンネンフェルスらと交わり、1762年から63年にかけてプラハで法学をおさめ、ドイツ、オランダ、フランス、スペインを跨ぐヨーロッパ旅行をおこない、帰国後は自然科学を学んだ。ボルンはマリア・テレジアのもとでは、鉱山の専門家として頭角を現すことになる。最初はプラハの鉱山管理局で顧問官として勤め、1777年にウィーンの硬貨鋳造＝鉱山管理管轄宮廷官房の鉱山顧問に、1779年には宮廷顧問官となった。ボルンは官僚として成功を収めたといえる。ヨーゼフ２世の単独統治が始まり、ヨーゼフ主義的改革がおこなわれていくと、ボルンも論客の一人として改革支持の論陣を張った。また、鉱山学者としてもボルンが提案した混汞法（水銀と他の金属の合金アマルガムから金を採取する方法）はヨーゼフ２世によって1784年に正式に採用され、オーストリアに導入された。晩年は度重なる実験による鉛中毒に悩まされ、1791年7月24日にウィーンで息を引き取った。

　ボルンのフリーメイソンとのかかわりはおそらくプラハ時代に始まる。1770年にプラハのロッジ「三つの戴冠された柱」の職人（位階）であったことが確認されている。ボルンによってプラハで設立されたボヘミア知識人私設協会の多くのメンバーもこのロッジで活動していた。つまり、知識人協会とフリーメイソンの活動は不可分に結びついていたといえる。1777年にウィーンへ移住後、1781年に新しく「戴冠された希望」から分離設立されたロッジ「真の調和」に入会した。ボルンはこのロッジの中で次第に中心的な役割を果たすようになる。入会２週間後に親方となり、1783年には主席親方に昇りつめ、その後このロッジはウィーンにおける存在感を飛躍的に伸ばすことに成功する。ボルンがこのロッジで目指していたのは、ウィーンに当時まだ存在しなかった学術アカデミーをフリーメイソンの中で実現することであった。1784年には、機関誌『フリー

メイソン・ジャーナル』を創刊し、目下進行中の改革や普遍的な人類共通の課題について取り組むことを宣言した。また実際の活動として、ボルンは「修行ロッジ」（Übungsloge）を毎月開催することを提案し、実行した。「真の調和」のメンバーであったヨハン・ペツルはこの修行ロッジについて次のように述べている。

「11月の間、特定の日に公開講義がおこなわれるいわゆる修行ロッジが開かれた。3、4名のメンバーが歴史や道徳、哲学から取ってきた対象について、また古今の神秘や秘密結社の歴史について各自選択した論文を散文でも韻文でもそれぞれに読みきかせた。そしてこの論考は後でまとめて『フリーメイソン・ジャーナル』に転載された。」

この記述からもわかるように、「真の調和」ではワークショップ的な形式で学術的議論をおこなっていた。このロッジの声望はウィーンでも高く、多くの作家や芸術家、学者、音楽家がメンバーとなっていた。また、学術アカデミー的な要素として、このロッジは『フリーメイソン・ジャーナル』の他に『調和的な友人達の物理学的成果』という雑誌をウィーンで発行した。この雑誌には、植物学から天文学に至るまで様々な自然科学分野の論文が掲載された。1784年4月30日にウィーンを訪問中のフリードリヒ・ミュンターも「真の調和」について次のように述べている。

「ボルンのロッジ全体が一種の学術アカデミーになっています。ウィーン在住でイルミナーテン結社の側に立つ頭脳あるすべての人がこのロッジとゲミンゲンの（主宰するロッジ）「慈善」に所属し、それを通じて公衆に働きかけていました。ボルンは冬に正規の講義である親方修行集会をおこなう予定です」。

フリーメイソンを啓蒙的な学術アカデミーとして機能させようというボルンの姿勢は、1780年代前半のウィーンのフリーメイソンの特徴ともいえよう。啓蒙の実践の場は確かにフリーメイソンの中に用意されていた。啓蒙主義運動は様々なアソシエーションを機軸にして展開していくものであるが、自由なアソシエーション活動が活発におこなわれていない地域においては、フリーメイソンおよびその支部がその代替となる言論空間を提供していた。そう考えると、ハプスブルク君主国においては、フリーメイソンこそが啓蒙運動の中心として機能していたとみていいだろう。しかし、こうした空気は長くは続かなかった。ヨーゼフ2世のフリーメイソン勅令がウィーンの活発だったフリーメイソン活動を収縮させた。

ヨーゼフ2世のフリーメイソン勅令とウィーンの知識人

フリーメイソンにはウィーンで活躍していた知識人の多くが所属しており、彼らのソシアビリテの場を形成していた。また、フリーメイソンが持つその匿名性は知識人に非公式な発言の場を与えていたと考えられる。

ここで、ウィーンで指導的な役割を担ったロッジ「真の調和」を例にして、実際にフリーメイソンにどのような人々が所属していたのかを確認してみよう。「真の調和」のメンバーは全体で225名であるが、その構成は次表のようになっていた。

職業	人数	割合
国家行政職	53	ca. 24%
外交官、宮廷代理人	17	8%
教育および文化業	61	27%
医療関係者	13	6%
司法職	3	1%
軍人	36	16%
学生、実習生	4	2%
商工業	7	3%
民間企業職員	5	2%
金利生活者、情報なし	11	5%
労働者	15	7%
階層	人数	割合
行政官吏	5	ca. 2%
宮廷および行政顧問官	15	7%
書記など	33	15%
公教育従事者	45	20%
聖職者や修道士など	23	10%
芸術家	9	4%

　このような構成を見るとフリーメイソンが年齢的には30代、職業階層的には官僚や教育関係者を中心とした知識人の集まる場所になっていたことがよく分かる。ヨーゼフ2世ははじめフリーメイソンを、改革を支え、世論に影響力を持つ機関として位置づけていた。フリーメイソンから派生したイルミナーテンとウィーンのフリーメイソンのロッジ「真の調和」のネットワークを利用して、ヨーゼフ2世はバイエルンとオーストリア領ネーデルラントを交換するという外交政策を達成しようとした。しかしそれが失敗し、バイエルンでイルミナーテンが弾圧を受けると、ヨーゼフ2世はこの組織を積極的に支援する理由を失った。それどころか、彼はフリーメイソンを陰謀の源のように考えるようになったのである。

　ただし、ヨーゼフ2世がフリーメイソンを弾圧しようとしていたとは考えられない。彼は1784年にウィーンに大ロッジを建設させた。これ以後、ハプスブルク君主国のフリーメイソンロッジは、このウィーンの大ロッジの管轄下に入ることになったのである。こうした行動の背景には、それまでのハプスブルク君主国内のロッジにベルリンの大ロッジが強い影響力を持っていたことが挙げられる。つまり、ハプスブルク君主国独自の大ロッジを持つことでその影響力を排除しようとしたのである。これは見ようによっては、国内のフリーメイソンの保護とも映るものであった。

　ゲオルク・フォルスターはクリスティアン・ゴットロープ・ハイネに宛てた1786年10月12日の手紙の中で「オーストリアにおいてフリーメイソン改革の最初のきっかけとなったのは、皇帝の新制度を妨害するハンガリー人の秘密会合であった」と述べている。当時ハンガリーではヨーゼフ2世によって広範な行政改革が実行されていた。こうした改革に対する抵抗運動がフリーメイソンを隠れ蓑にしておこなわれていたというのである。ヨーゼフ2世にとって、このような政治的な地下活動の温床となりうる組織を野放しにしておくことはできなかったと考えられる。

　それゆえヨーゼフ2世のフリーメイソン勅令からは、知識人の私的空間を国家の監視下に置くという知識人の言論に対する強力な紀律化の意志が読み取れるのである。フリーメイソン勅令には4項にわたってフリーメイソンが尊守すべき指示が示されている。ロッジの数を厳しく制限し、集会開催日の報告を義務づけ、違法に集会を開催すれば、ギャンブルに科せられる罰則と同様の罰が科せられることになった。こうしたヨーゼフ2世の措置に対して知識人の側も激しく反発した。フリーメイソン勅令はそこに所属する知識人たちの私的空間を侵すものであったので、この勅令は当然大きな反響を呼ぶもの

となった。

　レンベルクの劇場を監督し、自身劇作家であったフランツ・クラッターはこの勅令に即座に反応し、匿名で『ウィーンにおける最新のメイソン革命についての3通の手紙。プラハで一般に認められている潔白のために1人のフリーメイソンに宛てて』(Drey Briefe über die neueste Maurer-Revolution in Wien. An einen Freymaurer zur anerkannten Unschuld in P.) を出版した。この作品はタイトルの通り3通の手紙から成っているのだが、その12月18日付になっている第1通目の冒頭でこの勅令のインパクトを次のように述べている。

　「本当に驚くようなことはしばしばそれが予想もしないうちにやってくるからこそ驚くべきことなのである。メイソンにとって自尊心をくすぐるような外面を持った勅令が昨日世に現れたけど、根本的にこの勅令はメイソンの避けがたい没落につながるものだろう」。

　さらに彼は「僕がまだこれから心のうちで真のメイソンであり続けたいと思うのなら、自らをメイソンとして示すことをこの瞬間で止めなければならない」と勅令に対し強い拒絶の姿勢を示す。さらにクラッターはフリーメイソン内部に危惧を抱いている。

　「権勢欲のある同志たちはここで、彼ら自身の手で取り計られる待望の機会、つまりあらゆるメイソンを自らの誇りやうぬぼれ、個人的な目的に応じた姿に作り変える機会をつかんだのだ」。

　この言葉で示されるクラッターの危惧は、勅令それ自体よりもフリーメイソン内に存在する権勢欲のある同志であった。ではいったい権勢欲のある同志とはどのような人々なのか。彼はその代表として従来のロッジを統合してできた新たな3つのロッジのマスター（この中にはボルンも含まれる）を挙げ、彼らを痛烈に批判していく。彼の批判は勅令を発布した皇帝にではなく、この勅令によって成立した新しいロッジの責任者へと向けられるのである。

　ただし、勅令の中の「まやかし」(Gaukelei) という言葉には敏感に反応している。

　「知りもしないことや知る必要もないこと、あるいは最終的に有用で公共の保護にふさわしいと思われるものをどのようにしてまやかしなどと呼べるだろうか？　諸侯も大臣も王も皇帝も、偉大な知識人も偉大な芸術家もそして真の慈善家の目の中にいまだに存在するもの、高貴な人々も自らの原則を厳格に行使した啓蒙思想家もそのようなまやかしをおこなうものなのだ！　このようなまやかしをおこなうものたちが貧民を助け、貧困の涙を拭い去り、孤児を養育し、才能あるものを教育し、芸術と学問を向上させ、神聖な計画を立て、有用な提案をおこなってきたのだ。気高くみなの利益になるような類いの法は、間接的に世俗のものにまだ知られていない方法を通じてこのようなまやかしをおこなうものたちがきっかけを作ってきたが、あれ以来あまり発布されないだろう。出版の自由や寛容、宗教改革などはこのようなまやかしの産物とは違うものなのか？」

　このようにクラッターは、勅令の中で用いられた「まやかし」という表現を痛烈に批判したのである。このクラッターの批判は皇帝を直接批判するものではないにしろ、皇帝批判へとつながる要素を持つものであった。

　この「まやかし」という言葉に同じく反応したものとして、アーロイス・ブルマウアーの匿名パンフレット『まやかしとは何か？　あるいはむしろ何がまやかしではないのか？　1785年12月17日に現れたフリーメイソンに関する勅令に対する時事作品』(Was ist Gaukeley ? oder vielmehr Was ist nicht Gaukeley ? Eine Gelegenheitsschrift, da ein K.K. Patent den 17. Dez. 1785. Die Freymäurer betreffend zum Vorschein kam.) がある。ブルマウアーの論調はクラッターよりもはるかに激しいものである。

「言ってみてくれ！ まやかしとは何か？ あるいは、むしろこの地球上で何がまやかしでないのか？ 金羊毛とは何か、十字架とは何か、[勲章を佩びるのに用いる]大綬とは何か、王冠とは、王勺とは、世界中の表面上金ぴかのものはいったい何なのか？ これらのものは常にその内部の偉大さの紛れもない永遠の証なのか？ 本当に、君がまやかしと偽証した自由の儀式や印と同じくらい[内部の偉大さが]少ない、いやそれよりもはるかに少ないとはいえないのだろうか？ ——宗教と国家には、このような理解において受け入れられた、千のまやかしがあるのだ。そしてそのまやかしが庶民、(庶民はいまや金あるいは鉛の庶民でありえる)に畏怖と従属を強いていたにもかかわらず、それを永遠なる賢者は意味深長な沈黙で以ってあざ笑っているのだ。言ってみてくれ！ [中略] 君はヨーゼフ大帝をまやかし屋の息子 (Gauklerssohn) とけなさないのか？ 君は彼の父フランツよりも品位ある自由を心得ているのか？」

ここでは王の権威を示すものもまやかしとして挙げられており、このパンフレットにはヨーゼフ2世に対しての痛烈な皮肉が含まれていた。しかし、その一方でブルマウアーはフリーメイソン勅令を賞賛する詩『ヨーゼフ2世、フリーメイソンの守護者』(Joseph der Zweyte, Beschützer des Freymaurerordens) を発表している。この矛盾は官吏としてのブルマウアーの立場を象徴するものであった。

翌年の1786年、クラッターのパンフレットの他にもフリーメイソン勅令について論じたパンフレットが次々と出版された。王党派知識人であるヨハン・ラウテンシュトラウホは『フリーメイソンに関する勅令についての総合的な叙述と評価』(Gesammelte Bemerkungen und Urtheile über die k.k. Verordnung in Ansehung der Freymäurer, und ihren Orden überhaupt.) を出版した。このパンフレットは4部構成であり、それぞれの部で大衆、聖職者、理性的な人物、女性といったフリーメイソン部外者がフリーメイソンおよびフリーメイソン勅令に抱いていた感情や考えを考察している。ラウテンシュトラウホは序文で次のように述べている。

「最重要な国家変革の一つでもこのような命令より大きなセンセーションを引き起こすことは難しかっただろう。フリーメイソン関係者も部外者も仰天している。ものをよく考える人も考えない人も、聖職者も庶民も、気取り屋も色っぽい人も、女性も少女も突然彼らが知りもしない対象について話し始めたために、フリーメイソンはいっぺんに何の区別もなく好きなように駆けていく公衆のおもちゃになってしまった」

この箇所から勅令がフリーメイソンを公衆の議論の対象へと押し上げたことを示している。

まず大衆についてみると「庶民の目から見るとフリーメイソン結社が昔からずっとえせ宗派にほかならないと見なされていたということはよく知られた事実」であり、「完全な断言にもかかわらず、フリーメイソンの集会が国家の保護下におかれるべきであるという命令はこの結社の完全な廃止や破壊というふうに見なされ」、この「勅令は群集にとってメイソンたちの狂気の証明」になった。ラウテンシュトラウホの分析によると、大衆がそのような結論に至る原因は勅令の「陛下はフリーメイソンの秘密について、かつてそのまやかしをあまり熱心に知ろうとしなかったのと同様に、知らなかった」という部分にあった。この箇所はヨーゼフ2世がフリーメイソンでなく、その秘密についてもその信条についても知らせることができないことを示していただけでなく、フリーメイソンの集会の中で本当の「まやかし」がおこなわれているということを示しているというのである。したがって、フリーメイソンを警察の監視下に置き、衆目に触れるものにする勅令は大衆の目には好意的に映っていたという結論に至るの

続いて聖職者に関する分析では、彼はまず聖職者を狂信的な者たち(die Zelotenschaar)とわずかな人数ではあるが、よく考えている理性的な人たち(die gutgesinnten Vernünftigen)、そして陰でこそこそとしている人々(die Schleicher)の3つに分けて考えている。ラウテンシュトラウホによれば、狂信的な者たちはこの勅令を喜び、本当の庶民と同じように歓迎し、理性的な人たちはこの勅令を真のメイソンが長年募らせてきた望みを満たすものとして評価し、陰でこそこそとしている人々はこの勅令にまったく満足しなかったようである。

第三にラウテンシュトラウホは「人間の幸福とそれを目指すことを評価し、愛す、理性的な人物はみな、フリーメイソン関係者でないにもかかわらず、フリーメイソン結社の崇拝者である」とした上でフリーメイソンのすばらしさについて強調する。この3部の記述はおそらくラウテンシュトラウホが自らを理性的な人物と位置づけているために彼の主観的な要素が強く出ている。そして最終的に理性的な人物は「結社に古き輝きとかつての尊厳を得る機会をその手に与えたヨーゼフの命令を喜んでいる」のである。おそらくこれはフリーメイソン勅令の中にある国家による保護という要素を好意的に評価したものであろう。また、ラウテンシュトラウホは「まやかし」というヨーゼフ2世の表現も、千年来、宗教の聖域から少なくとも今日の職人ギルドまであらゆる秘密のあるいは公の集会と結びついている様々な「儀式や慣習」(Ceremonien und Gebräuche)を表したものとして受け入れている。

ラウテンシュトラウホは、面白いことに最後のカテゴリーとして女性を取り上げている。ここでは女性がフリーメイソンの秘密に対して強い関心を抱いている様子が描かれている。また女性が「新聞に掲載された陛下の命令によってフリーメイソンが本当に廃止されたのか許されたのか」、「フリーメイソンは魔法使い(Hexenmeister)なのか、あるいはトレジャーハンター(Schatzgräber)、錬金術師(Goldmacher)、はたまた自由思想家(Freigeister)なのかどうか」、「自分たちの尊敬する男性や情夫、愛人がこのような結社に属しているのかどうか」といった疑問を抱き、この勅令によって混乱している様子が示されている。この第4部に書かれていることが事実であるならば、フリーメイソン勅令は社会全体を揺るがすセンセーショナルな話題を提供したといえるだろう。

ラウテンシュトラウホが示した世界は、ヨーゼフの勅令を基本的に受け入れている。つまり、ラウテンシュトラウホはフリーメイソン勅令を擁護する立場でこのパンフレットを出版したと考えられる。特に理性的な人物と勅令への支持とを結びつけることで、彼はこの勅令が理性的なものであり、人類の幸福を目指すものであることを示そうとしたのであった。ラウテンシュトラウホと同様に勅令を擁護する立場でパンフレットを出版した人物はほかにもいる。レーオポルト・アーロイス・ホフマンである。彼は『ウィーンのフリーメイソンに関して実直な人から実直な人に宛てた手紙』(Briefe eines Biedermannes an einen Biedermann ueber die Freymaeurer in Wien.)を出版し、フリーメイソンの現状を暴露した。そこに描かれていたのは、内部の党派対立や錬金術などの神秘主義の流入などの荒廃したフリーメイソンの姿であった。つまり、ホフマンは勅令発布の原因をフリーメイソン内部の堕落に求め、この堕落を是正するものとして勅令を擁護したのであった。

ヨーゼフ2世のフリーメイソン勅令に対して、全面的に賛成もしなければ、非難もしない中間的な立場をとった人物もいた。それはヨーゼフ・リヒターである。彼はフリーメイソン勅令に反応して、『ウィーンにおけるフリーメイソン革命についての天国からの手紙』(Briefe aus dem Himmel über die Freymaurerrevolution in Wien.）を２回にわたって出版した。このパンフレットは、すでに死んでしまった人物から現在生きている実際の人物に宛てたとされる手紙（むろんリヒターが死者に成り代わって書いた手紙であるが、）を収録したもので、全６通から構成されていた。この中でリヒターはヨーゼフ２世やボルンに対して控えめな要求を提示しており、乖離しつつあったフリーメイソンに所属していた知識人とヨーゼフ２世をつなぎとめようとした。

　以上見てきたように、フリーメイソン勅令をめぐる議論からは、ウィーンのフリーメイソンの中にも皇帝の政策を批判するもの、皇帝に忠実な王党派的なもの、皇帝とフリーメイソン（知識人）を仲介しようとするものがいて、個人の立ち位置によって立場が異なることが見てとれる。こうした立場の違いは1780年代後半になればなるほど先鋭化していく。

ウィーンの啓蒙主義者の多くが国家に従属する官僚という立場にあったことは、政治批判に一定の限界を設けていたが、「秘密結社」であるフリーメイソンは、こうした啓蒙主義者に自由な言論の場を提供する機能を担っていた。フリーメイソンの秘密性をぬぐいさり、国家の管理のもとに置こうとしたフリーメイソン勅令は、この意味で言論統制（紀律化）を志向するものであった。しかし、ここで見てきたフリーメイソン勅令をめぐる一連の議論は、反対に公の場で皇帝の政策を直接的に論じることが可能になったことを示している。フリーメイソン勅令は、ハプスブルク君主国において啓蒙専制君主とフリーメイソンの蜜月関係を終わらせるターニングポイントであり、啓蒙知識人の分極化を促し、批判的な言論空間を生み出すきっかけのひとつとなった。

「解説１、２」および「訳者註解」参考文献

Marco Carini, *Freimaurer, die Geheime Gesellschaft*, Bath 2006

Eva Huber, *Sozialstruktur der Wiener Freimaurer 1780-1790*, Diss.,Wien 1991.

Hans-Josef Irmen (Hg.), *Die Protokolle der Wiener Freimaurerloge „Zur wahren Eintracht" (1781-1785)*, Frankfurt am Main 1994

Norbert Knittler, *Der verlorene Koffer. Eine Geschichte der österreichischen Freimaurerei während des Nationalsozialismus*, Wien o. D.[2004]

Elisabeth Kovács, (Hg.), *Katholische Aufklärung und Josephinismus*, Wien 1979

Kuésse / Scheichelbauer, *200 Jahre Freimaurerei in Österreich*,Wien 1976

Eugen Lennhof / Oskar Posner, *Internationales Freimaurer-Lexikon*. Unveränderter Nachdruck der Ausgabe 1932, Wien 1975.

Österreichisches Freimaurer-Museum. Schloss Rosenau bei Zwettl, Wien 1994.

Österreichisches Freimaurer-Museum. Schloss Rosenau bei Zwettl, Wien 2005

Das Märchen von der Weltherrschaft. Österreichisches Freimauer Museum Schloss Rosenau, Wien 2013.

Helmut Reinalter (Hg.), *Joseph II. und die Freimaurerei im Lichte zeitgenössischer Broschüren*, Wien 1987.

Helmut Reinalter (Hg.), *Die Aufklärung in Österreich. Ignaz von Born und seine Zeit*, Frankfurt am Main 1991

［邦語文献］
有澤玲『秘密結社の辞典　暗殺教団からフリーメイソンまで』柏書房、2008年
荒俣宏『フリーメイソン―「秘密」を抱えた謎の結社』角川書店、2010年
片桐三郎『入門　フリーメイスン全史―偏見と真実』アムアソシエイツ、2006年

竹下節子『フリーメイスン　もう一つの近代史』講談社、2015年

茅田俊一『フリーメイスンとモーツァルト』講談社、1997年

ピエール＝イヴ・ボンペール（深沢克己編）『「啓蒙の世紀」のフリーメイソン』山川出版社、2009年

吉村正和『フリーメイソン―西欧神秘主義の変容』講談社、2014年

吉村正和『図説フリーメイソン』河出書房新社、2010年

リュック・ヌフォンテーヌ著, 吉村正和監修『フリーメーソン』創元社、1996年

文献案内

[重要な刊行史料]

Agethen, M.: Aufklärungsgesellschaften, Freimaurerei, geheime Gesellschaften. Ein Forschungsbericht (1976–1986), in: Zeitschrift für Historische Forschung 14 (1987), S. 439 ff.

Dotzauer, W. (Hg.): Quellen zur Geschichte der deutschen Freimaurerei im 18. Jahrhundert, Frankfurt/M. 1991.

Dülmen, R. van (Hg.): Der Geheimbund der Illuminaten, Stuttgart – Bad Cannstatt 1975.

Endler, R.: Die Freimaurerbestände im Geheimen Staatsarchiv Preußischer Kulturbesitz, Abteilung Merseburg, in: Aufklärung und Geheimgesellschaften. Freimaurer, Illuminaten und Rosenkreuzer, hg. von H. Reinalter, Bayreuth 1992, S. 103 ff.

- Endler, R.: Zum Schicksal der Papiere von Joachim Christoph Bode, in: Quatuor Coronati Jahrbuch 27 (1990), S. 9 ff.

- /Schwarze, E.: Die Freimaurerbestände im Geheimen Staatsarchiv Preußischer Kulturbesitz, hg. von H. Reinalter, 2 Bde., Frankfurt/M. 1994/1996.

Feddersen, K.C.F. (Hg.): Constitutionen, Statuten und Ordnungen der Freimaurer in England, Frankreich, Deutschland und Skandinavien, Husum 1989.

Ferrer Benimeli, J.: Bibliografia de la masoneria, Zaragoza – Caracas 1974.

Gerlach, K. (Hg.): Berliner Freimaurerreden 1743-1804, Frankfurt/M. 1996.

Hammermayer, L.: Zur Geschichte der europäischen Freimaurerei und der Geheimgesellschaften im 18. Jahrhundert. Genese – Historiographie - Forschungsprobleme, in: Beförderer der Aufklärung in Mittel- und Osteuropa, Berlin 1979, S. 9 ff.

Hedeler, W.: Neue russische Archivzeitschriften, Dokumenteneditionen und Publikationen über die Situation in russischen Archiven, in: Zeitschrift für Geschichtswissenschaft 11 (1996), S. 1012 ff.

Hubert, R.: Freimaurerische Historiographie im 19. und 20. Jahrhundert - Forschungsbilanz Österreich, in: Freimaurerische Historiographie im 19. und 20. Jahrhundert, hg. von H. Reinalter, Bayreuth 1996, S. 39 ff.

Irmen, H.-J. (Hg.): Die Protokolle der Wiener Freimaurer Loge „Zur wahren Eintracht" (1781-1785), Frankfurt/M. 1994.

Jagschitz, G. – St. Karner: Beuteakten aus Österreich. Der Österreichbestand im russischen „Sonderarchiv" Moskau, Graz – Wien 1996.

Karpowicz, A.: Sektion Masonica (Universitätsbibliothek Poznan). Systematik des Sachkatalogs, Poznan 1989.

- Die Freimaurer-Sammlung in der Universitätsbibliothek Posen, in: Quatuor Coronati Jahrbuch 30 (1993), S. 111 ff.

Keiler, H.: Freimaurerische Bibliotheksbestände in Deutschland und in der Bibliotheca Klossiana in Den Haag, in: Aufklärung und Geheimgesellschaften. Freimaurer, Illuminaten und Rosenkreuzer, hg. von H. Reinalter, Bayreuth 1992, S. 109 ff.

- Restitution geraubten Kulturgutes 1946, in: Freimaurerische Historiographie im 19. und 20. Jahrhundert, hg. von H. Reinalter,

Bayreuth 1996, S. 113 ff.

Kiefer, K. (Hg.): Dokumente zu Aufklärung und Okkultismus, München 1991.

Melzer, R.: Völkische Freimaurerei im Spiegel der Historiographie, in: Freimaurerische Historiographie im 19. und 20. Jahrhundert, hg. von H. Reinalter, Bayreuth 1996, S. 27 ff.

Neugebauer-Wölk, M.: Esoterische Geheimbünde und Bürgerliche Gesellschaft. Entwicklungslinien zur modernen Welt im Geheimbundwesen des 18. Jahrhunderts, Göttingen 1995.

Pfahl-Traughber, A.: Neuerscheinungen zu den „Protokollen der Weisen von Zion" und Verschwörungstheorien, in: Zeitschrift für Internationale Freimaurer-Forschung 1 (1999), S. 89 ff.

Pók, A.: Quellen und Bearbeitungen zur Geschichte der ungarischen Freimaurerei, in: Aufklärung und Geheimgesellschaften, hg. von H. Reinalter, Bayreuth 1992, S. 123 ff.

Rachold, J. (Hg.): Die Illuminaten. Quellen und Texte zur Aufklärungsideologie des Illuminatenordens (1776-1785), Berlin 1984.

Reinalter, H.: Bibliographie zur Geschichte der demokratischen Bewegungen in Mitteleuropa 1770 bis 1850, Frankfurt/M. 1990.

- Freimaurerei und Geheimgesellschaften im 18. Jahrhundert, in: Aufklärung – Vormärz – Revolution 6 (1986), S. 78 ff.

- Auswahlbibliographie (umfassend), in: H. Reinalter, Freimaurer und Geheimbünde im 18. Jahrhundert in Mitteleuropa, Frankfurt/M., 3. Aufl. 1989, S. 365 ff.

- Neue Literatur zu Freimaurerei und Geheimgesellschaften, in: Aufklärung- Vormärz-Revolution 13-15 (1993/95), S. 313 ff.

- Freimaurerische Forschung heute, in: Zeitschrift für Internationale Freimaurer-Forschung 1 (1999), S. 9 ff.

- Schwerpunkte und Tendenzen der freimaurerischen Historiographie, in: The masonic paradigm. Tijdschrift voor de Studie van de Verlichting en van het vrije Denken 12/3-4 (1984), S. 273 ff.

- Neue Tendenzen in der Geschichtsschreibung und ihre Bedeutung für die freimaurerische Historiographie, in: Freimaurerische Historiographie im 19. und 20. Jahrhundert, hg. von H. Reinalter, Bayreuth 1996, S. 11 ff.

- Was ist masonische Forschung?, in: Aufklärung und Geheimgesellschaften, hg. von H. Reinalter, München 1989, S. 9 ff.

- (Hg.): Joseph II. und die Freimaurerei im Lichte zeitgenössischer Broschüren, Wien 1987.

- (Hg.): Freimaurerische Historiographie im 19. und 20. Jahrhundert, Bayreuth 1996.

Rosenstrauch/Königsberg, E.: Freimaurer, Illuminat, Weltbürger. Friedrich Münters Reisen und Briefe in ihren europäischen Bezügen, Berlin 1984.

Schneider, H.: Deutsche Freimaurerbibliothek, 2 Bde., Frankfurt/M. 1993.

Schüttler, H. (Hg.): Johann Joachim Christoph Bode: Journal seiner Reise von Weimar nach Frankreich. Im Jahre 1787, München 1994.

Wolfstieg, A.: Bibliographie der freimaurerischen Literatur, 3 Bde., Burg – Leipzig 1911/13 (Neudruck Hildesheim 1964).

[総論、ハンドブック、事典、論集]

Allgemeines Handbuch der Freimaurerei, 3. Aufl. von Lennings Encyclopädie der Freimaurerei, 2 Bde., Leipzig 1900/01.

Appel, R.: Die großen Leitlinien der Freimaurerei, Hamburg 1986.

Bidermann, H.: Das verlorene Meisterwort. Baustücke zu einer Kultur- und Geistesgeschichte der Freimaurerei, Wien 1986.

Binder, D.A.: Die diskrete Gesellschaft. Geschichte und Symbolik der Freimaurer, Graz 1988.

- Die Freimaurer. Ursprünge, Rituale und Ziele einer diskreten Gesellschaft, Freiburg/Br. 1998.

Caspari, O.: Die Bedeutung des Freimaurertums für das geistige Leben. Seine Ethik, Gottesidee und Weltanschauung, Berlin 1930.

Bernardo, G. di: Die Freimaurer und ihr Menschenbild, Wien 1989.

- Die neue Utopie der Freimaurerei, Wien 1997.

Dierickx, M.: Freimaurerei – die große Unbekannte, Hamburg 1968.

Eberlein, G.L.: Kleines Lexikon der Parawissenschaften, München 1995.

Endres, F.C.: Das Geheimnis des Freimaurers, Hamburg 1978.

- Die Symbole der Freimaurerei, Leipzig 1929 (Neudruck Hamburg 1977).

Ferrer Benimeli, J.A.: Masoneria Politica y Sociedad, 2 Bde., Zaragoza 1989.

Fleck, F.: Das Freimaurertum. Sein Wesen – seine Geschichte, Hamburg 1950 (Erg.-Bd. 1971).

Freimaurer. Solange die Welt besteht, Ausstellungskatalog, Wien 1992.

Frick, K.R.H.: Die Erleuchteten. Gnostisch-theosophische und alchemistisch – rosenkreuzerische Geheimgesellschaften bis zum Ende des 18. Jahrhunderts, Graz 1973.

- Licht und Finsternis. Gnostisch-theosophische und freimaurerischokkulte Geheimgesellschaften bis an die Wende zum 20. Jahrhundert, Graz 1975/78.

Gebelein, H.: Alchemie, München 1991.

Giese, A.: Die Freimaurer, Wien 1997.

Holtdorf, J.: Die Logen der Freimaurer. Geschichte – Bedeutung – Einfluß, München 1991.

Im Hof, U.: Das gesellige Jahrhundert. Gesellschaft und Gesellschaften im Zeitalter der Aufklärung, München 1982.

Kaltenbrunner, G. (Hg.): Geheimgesellschaften und der Mythos der Weltverschwörung, München 1987.

Kischke, H.: Die Freimaurer: Fiktion, Realität und Perspektiven, Wien 1996.

Knoop, D./Jones, G.P.: The Genesis of Freemasonry, Bayreuth 1968 (dt. Übers.).

Lennhoff, E.: Politische Geheimbünde, München – Wien 1968.

- /O. Posner: Internationales Freimaurer-Lexikon, Wien 1932 (unver. Nachdruck 1980).

Mellor, A.: Logen, Rituale, Hochgrade. Handbuch der Freimaurerei, Graz 1967.

- Unsere getrennten Brüder – die Freimaurer, Graz 1964.

Nardini, B.: Das Handbuch der Mysterien und Geheimlehren, München 1994.

Naudon, P.: Geschichte der Freimaurerei, Frankfurt/M. 1982.

Priesner, C./Figala, K.: Alchemie. Lexikon einer hermetischen Wissenschaft, München 1998.

Reinalter, H. (Hg.): Lexikon zu Demokratie und Liberalismus, Frankfurt/M. 1993.

- (Hg.): Aufklärung und Geheimgesellschaften. Zur politischen Funktion und Sozialstruktur der Freimaurerlogen im 18. Jahrhundert, München 1989.

- (Hg.): Aufklärungsgesellschaften, Frankfurt/M. 1993.

- (Hg.): Freimaurer und Geheimbünde im 18. Jahrhundert in Mitteleuropa, Frankfurt/M., 3. Aufl. 1989.

- (Hg.): Aufklärung und Geheimgesellschaften. Freimaurer, Illuminaten und Rosenkreuzer, Bayreuth 1992.

- (Hg.): Freimaurerische Wende vor 200 Jahren: 1798 – Rückbesinnung und Neuanfang, Bayreuth 1998.

- (Hg.): Der Illuminatenorden (1776-1785/87). Ein politischer Geheimbund der Aufklärungszeit, Frankfurt/M. 1997.

- (Hg.): Die neue Aufklärung, Thaur – Wien – München 1997.

- Freimaurerei und Moderne, in: Beobachter und Lebenswelt. Festschrift für K. Hammacher, Thaur 1996, S. 239 ff.

- Versuch einer Theorie der Freimaurerei, in: Grenzgebiete der Wissenschaft 44/3 (1995), S. 227 ff.

Runggaldier, E.: Philosophie der Esoterik, Stuttgart 1996.

Schauberg, J.: Vergleichendes Handbuch der Symbolik der Freimaurerei, 3 Bde., Schaffhausen 1861/63.

Schenkel, G.: Die Freimaurerei im Lichte der Religions- und Kirchengeschichte, Gotha 1926.

Valmy, M.: Die Freimaurer, München 1988.

Wolfstieg, A.: Die Philosophie der Freimaurerei, Berlin 1922.

Yates, F.A.: Aufklärung im Zeichen des Rosenkreuzes, Stuttgart 1972.

［二次文献（個別）］

Agethen, M.: Geheimbünde und Utopie. Illuminaten, Freimaurer und deutsche Spätaufklärung, München 1984.

Appel, R./Vorgrimler, H.: Kirche und Freimaurerei im Dialog, Frankfurt/M. 1975.

Biet, F.: Die ungeschminkte Maurertugend. Georg Forsters freimaurerische Ideologie und ihre Bedeutung für seine philosophische Entwicklung, Frankfurt/M. 1993.

Bokor, Ch. von: Winkelmaß und Zirkel. Die Geschichte der Freimaurer, Wien 1980.

Busch, O./ Herzfeld , H. (Hg.): Die frühsozialistischen Bünde in der Geschichte der deutschen Arbeiterbewegung, Berlin 1975.

Dito, O.: Massoneria, Carboneria e società segrete della Storia Risorgimento, Torino 1905.

Dotzauer, W.: Zur Sozialstruktur der Freimaurerei in Deutschland, in: Aufklärung und Geheimgesellschaften, hg. von H. Reinalter, München 1989, S. 109 ff.

Dülmen, R. van: Die Gesellschaft der Aufklärer. Zur bürgerlichen Emanzipation und aufklärerischen Kultur in Deutschland, Frankfurt/M. 1986.

- Die Utopie einer christlichen Gesellschaft. Johann Valentin Andreae (1586-1654), Stuttgart – Bad Cannstatt 1978.

Edighoffer, R.: Die Rosenkreuzer, München 1995.

Fehn, E.-O.: Moralische Unschuld oder politische Bewußtheit? Thesen zur illuminatischen Ideologie und ihrer Rezeption, in: Die Französiche Revolution, Mitteleuropa und Italien, hg. von H. Reinalter, Frankfurt/M. 1992, S. 71 ff.

Fischer, M.W.: Die Aufklärung und ihr Gegenteil, Berlin 1983.

- „Rassenelite" und „Teufelsbrut". Zur politischen Theorie des Nationalsozialismus, in: Entartete Ideale, Graz 1992, S. 9 ff.

- Maurerische Geheimbünde und religiöse Toleranz, in: Religion und Kirche an Zeitenwenden, hg. von N. Leser, Wien – München 1984, S. 224 ff.

Forestier, R. 1e: Die templerische und okkultistische Freimaurerei im 18. und 19. Jahrhundert, 3 Bde., Weidenthal – Leimen 1987/90.

Fuschs, G.W.: Karl Leonhard Reinhold – Illuminat und Philosoph, Frankfurt/M. 1994.

Francovich, C.: Freimaurerei und politische Geheimgesellschaften in Italien (1770-1832), in: Aufklärung – Vormärz – Revolution 5 (1985), S. 29 ff.

Freudenschuß, W.: Der Wetzlarer Ring – Völkische Tendenzen in der deutschen Freimaurerei nach dem 1. Weltkrieg, in: Quatuor Coronati Jahrbuch 25 (1988), S. 9 ff.

Gerlach, K.: Die Gold- und Rosenkreuzer in Deutschland und Potsdam (1779-1789), in: Quatuor Coronati Jahrbuch 32 (1995), S. 87 ff.

- Die Berliner Freimaurer 1740-1806. Zur Sozialgeschichte der Freimaurerei in Brandenburg-Preußen, in: Europa in der Frühen Neuzeit. Festschrift für G. Mühlpfordt, Bd. 4, hg. von E. Donnert, Weimar 1997, S. 433 ff.

Gilbhard, H.: Die Thule-Gesellschaft, München 1994.

Graumann, C.F. (Hg.): Changing conceptions of conspiracy, New York 1987.

Groh, D.: Die verschwörungstheoretische Versuchung oder: Why do bad things happen to good people?, in: ders., Anthropologische Dimensionen der Geschichte, Frankfurt/M. 1992, S. 267 ff.

Hammacher, K.: Neue Aspekte zur Verschwörungstheorie, in: Quatuor Coronati Jahrbuch 26, (1989), S. 19 ff.

- Die ethischen Grundlagen der Freimaurerei, in: Quatuor Coronati Jahrbuch 30 (1993), S. 133 ff.

Hammermayer, L.: Der Wilhemsbader Freimaurer-Konvent von 1782, Heidelberg 1980.

Hardtwig, W.: Eliteanspruch und Geheimnis in den Geheimgesellschaften des 18. Jahrhunderts, in: Aufklärung und Geheimgesellschaften, hg. von H. Reinalter, München 1989, S. 63 ff.

Hergeth (Pseud. für P. Heigl): Aus der Werkstatt der Freimaurer und Juden im Oesterreich der Nachkriegszeit, Graz 1927.

Hubert, R.: Freimaurerei in Österreich 1871-1938, in: Zirkel und Winkelmaß. 200 Jahre Große Landesloge der Freimaurer, Ausstellungskatalog, Wien 1984, S. 31 ff.

- Die Freimaurerei in der Zwischenkriegszeit, in: 250 Jahre Freimaurerei in Österreich, Zwettl 1992, S. 51 ff.

Kloss, F.: Die Geschichte der Freimaurerei in England, Irland und Schottland aus ächten Urkunden dargestellt (1685-1784), Leipzip 1848 (Neudruck Graz 1971).

Kuess, G./Scheichelbauer, P.: 200 Jahre Freimaurerei in Österreich, Wien 1959.

Leisching, P.: Freimaurertum und Katholizismus, in: Die Habsburgermonarchie 1848 bis 1918, Bd. 4, Wien 1985, S 152 ff.

Lindenberg, W.: Riten und Stufen der Einweihung, Freiburg 1988.

Ludz, P. (Hg.): Geheime Gesellschaften, Heidelberg 1979.

Maurice, F.: Freimaurerei um 1800. Ignaz Aurelius Fessler und die Reform der Großloge Royal York in Berlin, Tübingen 1997.

- „Staat im Staate" oder „Schule der Untertanen?" Die Freimaurerei im Staat des aufgeklärten Absolutismus, in: Aufklärung und Geheimgesellschaften. Freimaurer, Illuminaten und Rosenkreuzer, hg. von H. Reinalter, Bayreuth 1992, S. 9 ff.

Melzer, R.: Die deutschen Logen und die völkische Herausforderung, in: Quatuor Coronati Jahrbuch 31 (1994), S. 151 ff.

- Konflikt und Anpassung. Freimaurerei in der Weimarer Republik und im „Dritten Reich", Wien 1999.

Mola, A.: Storia della massoneria italiana dall' unità alia repubblica, Milano 1977.

Mühlpfordt, G.: Deutsche Union, Einheit Europas, Glück der Menschheit. Ideale und Illusionen des Aufklärers Karl Friedrich Bahrdt (1740-1792), in: Zeitschrift für Geschichtswissenschaft 40 (1992), S. 1138 ff.

Neuberger, H.: Freimaurerei und Nationalsozialismus, 2 Bde., Hamburg 1980.

Neugebauer-Wölk, M. (Hg.): Aufklärung und Esoterik, Hamburg 1999.

Obrecht, H.: Der Kampf um die staatliche Anerkennung der Freimaurer in Österreich durch die katholische Öffentlichkeit, Diss., Wien 1950.

Peters, B.: ...für und über...Geschichte der Freimaurerei im Deutschen Reich 1870 bis 1933, Berlin 1986.

Pfahl-Traughber, A.: Die „Protokolle der Weisen von Zion" – Der Nachweis der Fälschung und die tatsächliche

Entstehungsgeschichte in: Judaica 46(1990), S. 22 ff.

- Der antisemitisch-antifreimaurerische Verschwörungsmythos in der Weimarer Republik und im NS-Staat, Wien 1993.

Pipes, D.: Verschwörung. Faszination und Macht des Geheimen, München 1998.

Reinalter, H.: Geheimgesellschaften und Revolution. Freimaurerei und Nationalsozialismus am Beispiel Alfred Rosenbergs, in: Quatuor Coronati Jahrbuch 21 (1984), S. 55 ff.

- 250 Jahre Freimaurerei in Deutschland, in: Quatuor Coronati Jahrbuch 24 (1984), S. 9 ff.

- Die Verschwörungstheorie, in: Freimaurer. Solange die Welt besteht, Ausstellungskatalog, Wien 1992, S. 272 ff.

- Die Rolle von „Sündenböcken" in den Verschwörungstheorien, in: Vom Fluch und Segen der Sündenböcke. R. Schwager zum 60. Geb., hg. von J. Niewiadomski und W. Palaver, Thaur – Wien – München 1995, S. 215 ff.

- Freimaurerei und Nationalsozialismus, in: Österreichisches Freimaurermuseum Schloß Rosenau bei Zwettl, Schloß Rosenau 1994, S. 53 ff.

- (Hg.): 200 Jahre Große Landesloge von Österreich, Wien 1986.

- La maconnerie en Autriche, in: Dix-Huitième siècle 19 (1987), S. 43 ff.

- La Franc-Maconnerie Autrichienne en 1938, in: Austriaca 26 (1998), S. 115 ff.

- Masoneria y Democracia, in: Masoneria Politica y Sociedad, Bd. 1, ed. J. A. Ferrer Benimeli, Zaragoza 1989, S. 55 ff.

- Freimaurerei und Modernisierung, in: Revue des Etudes Sud-Est Européennes 3-4/30 (1992), S. 197 ff.

- Freimaurerei, Jakobinismus und Demokratie, in: ders., Die Französische Revolution und Mitteleuropa, Frankfurt/M. 1988, S. 162 ff.

- Freimaurerei und Demokratie im 18. Jahrhundert, in: Aufklärung und Geheimgesellschaften, hg. von H. Reinalter, München 1989, S. 41 ff.

- Die Rolle der Freimaurerei und Geheimgesellschaften im 18. Jahrhundert, Innsbruck 1995.

- Geheimbünde in Tirol. Von der Aufklärung bis zur Französischen Revolution, Bozen 1982.

- Freimaurerei und Französische Revolution, in: Quatuor Coronati Jahrbuch 22 (1985), S. 155 ff.

- Bahrdt und die geheimen Gesellschaften, in: Carl Friedrich Bahrdt (1740-1792), hg. von G. Sauder und Chr. Weiß, St. Ingbert 1994, S. 258 ff,

- (Hg.): Die Aufklärung in Österreich. Ignaz von Born und seine Zeit, Frankfurt/M. 1991.

Richert, Th.: Die Entwicklung des Pflichtenbegriffs in der Freimaurerei, in: Quatuor Coronati Jahrbuch 25 (1988), S. 219 ff.

Rogalla von Bieberstein, J.: Der Mythos von der Weltverschwörung. Freimaurer, Juden und Jesuiten als „Menschheitsfeinde", in: Geheimgesellschaften und der Mythos der Weltverschwörung, hg. von G.-K. Kaltenbrunner, München 1987, S. 24 ff.

- Die These von der Verschwörung 1776 bis 1945, Frankfurt/M. 1978.

Schings, H.-J.: Die Brüder des Marquis Posa. Schiller und der Geheimbund der Illuminaten, Tübingen 1996.

Schlögl, R.: Alchemie und Avantgarde. Das Praktischwerden der Utopie bei Rosenkreuzern und Freimaurern, in: Die Politisierung des Utopischen im 18. Jahrhundert, hg. von M. Neugebauer-Wölk und R. Saage, Tübingen 1996, S. 117 ff.

Schmidt, A.: Freimaurerei als Idee und Lebenskunst, in: Quatuor Coronati Jahrbuch 29 (1992), S. 13 ff.

Schüttler, H.: Geschichte, Organisation und Ideologie der Strikten Observanz, in: Quatuor Coronati Jahrbuch 25 (1988), S. 159 ff.

- Die Mitglieder des Illuminatenordens 1776-1787/90, München 1991.

Steiner, G.: Freimaurer und Rosenkreuzer. Georg Forsters Weg durch Geheimbünde, Berlin 1985.

Weiß, Chr./Albrecht, W. (Hg.): Von „Obscuranten" und „Eudämonisten". Gegenaufklärerische, konservative und antirevolutionäre Publizisten im späten 18. Jahrhundert, St. Ingbert 1997.

Wilson, W.D.: Geheimräte gegen Geheimbünde. Ein unbekanntes Kapitel der klassisch-romantischen Geschichte Weimars, Stuttgart 1991.

- Unterirdische Gänge. Goethe, Freimaurerei und Politik, Göttingen 1999.

Zirkel und Winkelmaß. 200 Jahre Große Landesloge der Freimaurer, Ausstellungskatalog, Wien 1984.

Zörrer, F./Hubert, R.: Die „Grenzlogenzeit" 1871-1918, in: 250 Jahre Freimaurerei in Österreich, Zwettl 1992, S. 37 ff.

訳者あとがき

　私がフリーメイソンに学問的な関心を持ったのは、ちょうど修士論文を執筆中のことだった。その後、ウィーンに留学した時、本書ラインアルターの『フリーメイソン』と出会った。コンパクトにまとめられており、邦語ではなかなか情報を得ることができなかったフリーメイソンについて、基礎的な知識を得ることができたと喜んだものだった。その後、勤務先の獨協大学のドイツ語学科共同研究室で、増谷先生から翻訳に誘っていただくまで、その存在をすっかりと忘れていたのだけれども。しかし、改めて読み直してみると、平易なドイツ語で書かれているのに、難しい。特に概念的な部分を扱った部分の翻訳は、イメージをつかむのに四苦八苦しながらおこなったため、読者のみなさまに著者のメッセージがうまく伝わっているのか、かなり不安もある。私の担当する第2章、第3章の訳文が読みにくいとすると、それは私の責任である。今後、広く読者のみなさまからのご教示をいただければ幸いである

　最初に翻訳の話がでたのは確か2013年の冬だったと思うが、その頃、まだ赤ん坊だった娘は今2歳となり、新たに息子も生まれた。翻訳最後の追い込みの際には、いろいろと家庭の事情で心配もかけたが、ともあれ、増谷先生の叱咤激励のおかげで、担当箇所の原稿を仕上げることができた。増谷先生には翻訳の機会を与えてくれたこと、最後まで原稿を待っていただいたことに心から御礼申し上げたい。また、原稿に集中する時間を作ってくれた妻と子供たち、祖父母には感謝してもしきれない。改めて深い感謝を申し述べたい。

2015年11月8日、自宅にて
上村　敏郎

何度となく訪れているウィーンには、フリーメイソンの知人友人もいるが、僕の頭の中では、フリーメイソンは歴史的存在でしかなかった。しかし1990年代に極右排外主義者のハイダーの自由党が政治的に台頭してきたときに、それを批判し抵抗する運動の中心的存在をフリーメイソンが担っていたことを教えられた。その後、気にはかけていたが、他の問題に関心を抱いていてフリーメイソンに意識が向かなかったが、一昨年にウィーンの書店でラインアルター教授の本を見つけ、特にその「陰謀論」批判に関心を持った。日本にもどり、獨協大学の研究会で啓蒙主義を中心課題としている上村さんと知り合い、一緒に翻訳をおこなうこととなった。

　昨年のウィーン滞在中にインスブルックの友人の仲介で、ラインアルター教授から翻訳の許可をいただくことができた。教授と友人には感謝しています。翻訳はこちらの無知無学故に難しく、いろいろと調べなければならなかったし、特に難しい思想的内容の部分を上村さんにお願いして、ご苦労をかけてしまった。個人的には結果的に勉強になったことをなぐさめにし、フリーメイソンだけではなく、歴史と啓蒙主義に関する知見の広がりに少しでも貢献できることを願っています。

　最後になってしまったが、書籍出版が困難な状況の中で、本書の出版を快く引き受けていただいた三和書籍の高橋考社長と編集を担当していただいた編集部の向井弘樹氏には心から感謝いたしております。

増谷　英樹

人名索引

ア

アシュモール，イライアス　57, 58, 70

アダーミ，トビアス　56, 69

アルント，ヨハン　55, 68

アンダーソン，ジェイムズ　2, 22, 31, 44, 45, 49, 77, 79, 112

アンドレーエ，ヨハン・ヴァレンティン　55, 68, 69, 70

ウ

ヴァイスハウプト，アダム　10, 60, 61, 70, 106

ヴィーラント，クリストフ・マルティン　80

ヴィットーリオ・エマヌエーレ1世（サルデーニャ王）　66

ヴィヒトル，フリードリヒ　18, 24, 91

ヴィルヘルム1世（プロイセン王）　104, 105, 109

ヴィンディッシュグレーツ　107

ウェーバー，マックス　101

ヴェルナー，ヨハン・クリストフ・フォン　60, 63, 64, 65, 71

ヴェンゼ，ヴィルヘルム　55, 69

ヴォルテール　40, 80, 107

ヴォルフシュティーク，アウグスト　80, 96

エ

エッカート，エデュアルト・エミール　91, 97

カ

カール・ヴィルヘルム・フェルディナント（ブラウンシュヴァイク公）　84

カール・テオドール（バイエルン選帝侯）　106

カンパネッラ，トマソ　56, 69

ク

クニッゲ男爵，アードルフ・フォン　14, 23, 62, 70, 106

クラッター，フランツ　117

クレメンス12世（教皇）　7, 22, 80, 82, 83, 84, 96, 105

クロス，ヨハン・ゲオルク　79

ケ

ゲーテ，ヨハン・ヴォルフガング・フォン　40, 61, 80

ゲーリング，ヘルマン　20, 110

コ

コメニウス，ヨハン・アムス　55, 57, 68

サ

サリセティ，アントワーヌ・クリストフ　65, 71

シ

ジェイムズ2世（イングランド王）　9

ジード，アンドレ　80

シャウムブルク＝リッペ伯爵，アルブレヒト・ヴォルフガング・フォン　103, 104

シャフゴッチュ（司教）伯，フィリップ・ゴットハルト　7, 84

シュターク，ヨハン・アウグスト　88, 97

シュタイン，カール　13, 14, 22, 70, 104, 107

シュポルク伯，フランツ・アントン・フォン　7, 22, 105

シュミット，ヨハン・ハインリヒ　59, 70

シュレーダー，フリードリヒ・ルートヴィヒ　14, 17, 23, 70, 47, 68, 80, 96

セ

セイヤー，アンソニー　6, 21

ゼパー枢機卿　85

ソ

ゾンネンフェルス，ヨーゼフ・フォン　96, 105, 114

タ

タウテ，ラインホルト　80, 96

ダーモット，ローレンス　45, 68

ツ

ツヴァイク，シュテファン　111

テ

デザギュリエ，ジョン・シオフィラス　8, 22, 77, 95, 105

ト

トウェイン，マーク　80

トゥフォルスキー，クルト　80, 96

ドーモン，ピエール　5

ナ

ナポレオン　12, 13, 14, 22, 23, 24, 65, 66, 71, 84, 91, 104, 107

ニ

ニルス，セルゲイ　92, 93, 97

ハ

ハイゼ，カール　92, 97
ハイネ，クリスティアン・ゴットロープ　116
ハーク，テオドール　57, 69
ハシュカ，ローレンツ　89, 97
パハトラー，C. G. H.　91, 97
ハーバーマス，ユルゲン　41, 102
バリュエル，オーギュスタン　61, 62, 63, 64, 65, 70, 71, 86, 87, 88, 96, 106, 107
バールト，カール・フリードリヒ　62, 63, 64, 65, 70, 71
ハルトリプ，ザムエル　57, 69
ハルデンベルク，カール・アウグスト　13, 14, 22, 104, 107, 109

ヒ

ピウス9世（教皇）　82, 84, 96
ピウス7世（教皇）　82, 84
ビスマルク，オットー・フォン　96, 109
ビショッフヴェルダー，ヨハン・ルードルフ・フォン　63, 71
ヒトラー，アードルフ　18, 20, 24, 94, 98, 109
ヒムラー，ハインリヒ　91
ピルグラム，アントン　7

フ

フィチーノ，マルシリオ　38, 42
フィヒテ，ヨハン・ゴットロープ　14, 23
フィラオ大司教　84

フェスラー，イグナーツ　14, 17, 23
ブオナローティ，フィリッポ　66, 67, 71
フォルスター，ゲオルク　89, 97, 116
フラッド，ロバート　38, 42, 55, 57
フランツ1世（神聖ローマ帝国皇帝）⇒フランツ・シュテファンを参照
フランツ1世（オーストリア皇帝）⇒フランツ2世（神聖ローマ帝国皇帝）を参照
フランツ・シュテファン（ロートリンゲン公）　7, 22, 77, 83, 105, 112
フランツ2世（神聖ローマ帝国皇帝）　13, 15, 16, 24, 89, 90, 97, 106, 107
ブリオ，ピエール・ジョゼフ　65
フリードリヒ・ヴィルヘルム3世（プロイセン王）　13, 14, 22, 104, 109
フリードリヒ・ヴィルヘルム2世（プロイセン王）　23, 60, 63, 64, 71, 104
フリードリヒ3世（ドイツ皇帝）　109
フリードリヒ2世（プロイセン王、大王）　iii, 7, 39, 40, 71, 103, 104, 106, 112, 114
フリードリヒ・レーオポルト（プロイセン王子）　109
フリッケ　110
ブルマウアー，アーロイス　117, 118
フレデリック・ルイス（プリンス・オブ・ウェールズ）　8, 77
フロイト，ジークムント　111

ヘ

ヘーゲル，ゲオルク・ヴィルヘルム・フリードリヒ　18
ベーコン，フランシス　56, 57, 69, 95
ベゾルト，クリストフ　55, 69

ペツル，ヨハン　115
ベネディクト14世（教皇）　7, 22, 82, 84
ペルゲン，ヨハン・アントン　88
ヘルダー　80
ペルネティ　37
ヘルメス・トリスメギストス　37, 38, 42

ホ

ボアロー　38
ホディッツ伯，アルブレヒト・ヨーゼフ・フォン　7, 105
ボナパルト，ジョゼフ　65, 71
ホフシュテッター，フェリックス　89
ホフマン，レーオポルト・アーロイス　88, 89, 90, 97, 119
ホルトドルフ，ユルゲン　110
ボルン，イグナーツ・フォン　75, 79, 90, 95, 96, 106, 114, 115, 117, 120

マ

マイアー，ミヒャエル　55, 57, 68
マッツィーニ，ジュゼッペ　66, 67, 71
マリア・テレジア　22, 83, 105, 106, 112, 114
マルクス，カール　91

ミ

ミュラ，ジョアシャン　65, 66, 71
ミュンター，フリードリヒ　115

ム

ムラトーリ，ロドヴィコ・アントニオ　113

メ

メーストル，ジョセフ・ド　84, 96

メッテルニヒ, クレメンス・フォン　90, 91, 107, 109

モ

モーツアルト, ヴォルフガング・アマデウス　61, 75, 78, 80, 114

ユ

ユンギウス, ヨアヒム　57, 69

ヨ

ヨーゼフ2世（神聖ローマ帝国皇帝）　15, 16, 23, 24, 75, 88, 90, 96, 106, 112, 113, 114, 115, 116, 118, 119, 120

ラ

ラウシュニング, ヘルマン　94, 98
ラウテンシュトラオホ, ヨハン　118, 119
ラガルデ, ポール・ド　94, 98
ラチュコフスキー　92
ラムジー, アンドリュー・ミッシェル（シュヴァリエ・ドゥ）　8, 9, 22, 77, 95

リ

リヒター, ザムエル（＝ジンツェルス・レナトゥス）　58, 70
リヒター, ヨーゼフ　119, 120
リンドバーグ, チャールズ　80

ル

ルーデンドルフ, エーリヒ　18, 19, 24, 109
ルードルフ2世　38, 55

レ

レーオポルト2世（神聖ローマ帝国皇帝）　89, 106

レッシング, ゴットホルト・エフライム　23, 74, 80, 84, 95

ロ

ローゼンベルク, アルフレッド　19, 20, 24, 92, 93, 94, 109, 110
ロバート1世ブルース（スコットランド王）　5
ロビンソン, ジョン　88, 97, 106

ワ

ワイルド, オスカー　80

【著者略歴】

ヘルムート・ラインアルター（Helmut Reinalter）

1943年インスブルック生まれ、インスブルック大学で歴史、哲学を学び、1971年「啓蒙—絶対主義—反動」のテーマで博士論文、1978年教授資格論文「啓蒙絶対主義と革命」、1981〜2009年インスブルック大学近代史・政治哲学教授。
著作に『啓蒙と秘密結社　18世紀に於けるフリーメイソン組織の政治的機能と社会構造』（1989）、『啓蒙と秘密結社　フリーメイソン，イルミナーテンおよび薔薇十字』（1992）、『啓蒙絶対主義としてのヨーゼフ主義』（2009）などの他、フリーメイソンの基礎概念ハンドブック』（2002）、さらにナチによるフリーメイソン押収史料の整理をおこなった『モスクワのドイツ等別史料館のドイツ、オーストリアフリーメイソン史料状況』（2002）、『フリーメイソンとヨーロッパファシズム』（2009）など多数。

【訳者略歴】

増谷英樹（ますたにひでき）

1942年生まれ。東京大学大学院人文科学研究科博士課程中退、東京都立大学助手、東京外国語大学講師、助教授、教授、ウィーン大学客員教授、獨協大学特任教授を経て、現東京外国語大学名誉教授。著書に『ビラの中の革命』（東京大学出版会）、『歴史の中のウィーン』（日本エディタースクール出版部）、編著に『ウィーン都市地図集成』（柏書房）、『移民・難民・外国人労働者と多文化主義—日本とドイツ／歴史と現状』（有志社）、共著に『図説オーストリアの歴史』（河出書房新社）、『オルタナティブの歴史学』（有志社）、共編著に『越境する文化と国民統合』（東京大学出版会）。

上村敏郎（うえむらとしろう）

1979年生まれ。獨協大学外国語学部ドイツ語学科専任講師。筑波大学5年一貫制大学院人文社会科学研究科歴史・人類学専攻単位取得退学。ウィーン大学歴史学研究科博士課程修了。主な著書に『ハプスブルク史研究入門』（第9章分担執筆、昭和堂）、ウィーン大学提出博士論文 Die Öffentlichkeit anhand der Wiener Broschüren zur Zeit Josephs II. Die Informationsverbreitung unter dem aufgeklärten Absolutismus. がある。

フリーメイソンの歴史と思想
——「陰謀論」批判の本格的研究——

2016年5月1日　第1版第1刷発行	著　者　ヘルムート・ラインアルター
	翻　訳　増　谷　英　樹　©2016 H.Masutani
	上　村　敏　郎　©2016 T.Uemura
	発行者　高　橋　考
	発　行　三　和　書　籍

〒112-0013　東京都文京区音羽2-2-2
電話 03-5395-4630　FAX 03-5395-4632
郵便振替 00180-3-38459
info@sanwa-co.com
http://www.sanwa-co.com/

印刷／製本　モリモト印刷株式会社

乱丁、落丁本はお取替えいたします。定価はカバーに表示しています。　　　ISBN978-4-86251-195-9 C3022
©sanwa co.,Ltd. 2016　本書の一部または全部を無断で複写、複製転載することを禁じます。

本書の電子版（PDF形式）はBook Pubの下記URLにてお買い求めいただけます。
http://bookpub.jp/books/bp/433

三和書籍の好評図書
Sanwa co.,Ltd.

実践語録 創造的サラリーマン
気分を変えよう　疲れたときは寝るのが一番
長谷川治雄 著　四六判変形　224頁　本体 1,200 円＋税

『サラリーマンのプロ』を目指す人のための行動指針をまとめた実践語録。働く方々への応援メッセージであるとともに、職場、組織全体を『創造的集団』に創り上げる研修資料としても最適の一冊。

【図解】特許用語事典
溝邉大介 著　B6 判　並製　188 頁　本体 2,500 円＋税

特許や実用新案の出願に必要な明細書等に用いられる技術用語や特許申請に特有の専門用語など、特許関連の基礎知識を分類し、収録。図解やトピック別で、見やすく、やさしく解説した事典。

ビジネスの新常識 知財紛争 トラブル 100 選
IP トレーディング・ジャパン (株) 取締役社長
早稲田大学 知的財産戦略研究所 客員教授　梅原潤一 編著
A5 判　並製　256 頁　本体 2,400 円＋税

イラストで問題点を瞬時に把握でき、「学習のポイント」や「実務上の留意点」で、理解を高めることができる。知的財産関連試験やビジネスにすぐ活用できる一冊。

マンガで学ぶ
知的財産管理技能検定 3 級 最短マスター
佐倉 豪 著／本間政憲 監修　B5 判 並製 220 頁 本体 2,300 円＋税

「アカネ」や「菜々」など可愛らしいキャラクターのマンガをベースに、合格に必要な知識を最短で学べるよう工夫されています。解説部分は、著者と聞き手（みる君）との会話形式になっており、とても楽しく学習できます。

三和書籍の好評図書
Sanwa co.,Ltd.

野外文化教育としての体験活動
野外文化人のすすめ

森田勇造 著　A5判　上製　261頁　本体2,000円＋税

本書は、少年期の体験的教育としての体験活動について、新しい教育観による野外文化教育学的な見地から解説したものである。生きる力や感じる心を培う体験活動について体系的にまとめている。

写真で見るアジアの少数民族 全5巻セット

森田勇造 著　B5判　並製　本体17,500円＋税

好評既刊写真でみるアジアの少数民族シリーズ全五巻セット（箱入り）。
①東アジア編／②東南アジア編／③南アジア編／④中央アジア編／⑤西アジア編

ガンコ親父の教育論

森田勇造 著　四六判　並製　256頁　本体1,800円＋税

長年にわたり世界の諸民族の生活文化を踏査しながら青少年育成活動を続ける著者が、少年期の子どもをもつ親や教育者のために、野外文化教育的見地から、「日本のよさ」を継承し、たくましく生きることのできる青少年の育成論をまとめた。

ピアジェの教育学
子どもの活動と教師の役割

J・ピアジェ 著／芳賀純・能田伸彦 監訳　A5判　上製　286頁　本体3,500円＋税

教師の役割とは何か？　子どもが世界を理解できるようにするための手段や方法を、その心の中に作り上げてゆくべきなのか？　活動をどのように提示したら、子どもがそれを取り入れることができるのか？　"教育の方法"、"授業の役割"、"子どもの自律性"というテーマは、ジャン・ピアジェが生涯にわたって論じ続けたものである。ピアジェによる教育に関する研究結果を、はじめて一貫した形でわかりやすくまとめた。

三和書籍の好評図書
Sanwa co.,Ltd.

水を燃やす技術
資源化装置で地球を救う
倉田大嗣 著　四六判　上製　268頁　定価：1,800円＋税

廃油やオイルサンド、廃プラスチックを軽油等の使える油に変え、水や海水そのものを燃やす資源化装置が完成している。本書は、日本が実はエネルギー大国になりうることを示すもので、大きな希望を与えてくれる。

食の危機と農の再生
その視点と方向を問う
祖田修（京都大学名誉教授）著　四六判　上製　268頁　定価：2,500円＋税

環境問題、人口と食料、食品の安全安心、農業経営の担い手不足、農林水産業の多面的機能、鳥獣害問題、都市と農村のあり方、食農教育、農産物貿易交渉の現実等の本質を解きほぐし総合して再構築する。

サステナビリティと本質的CSR
環境配慮型社会に向けて
拓殖大学政経学部 編　A5判　並製　250頁　定価：3,000円＋税

サステナビリティを念頭におきつつ、環境配慮型社会に向けた本質的なCSRを解説。CSRの基礎と本質を学べるとともに、それとサステナビリティとの関わりが理解できる。

環境と法
国際法と諸外国法制の論点
永野秀雄（法政大学教授）、岡松暁子 編著　A5判　並製　280頁　定価：3,500円＋税

今日の環境問題は自国の環境規制だけで解決しうるものではない。他国からの影響を考慮し地球規模での問題にも目を向ける必要がある。国際法と外国法の専門家による論考集。

三和書籍の好評図書
Sanwa co.,Ltd.

政策過程の理論分析
岩崎正洋 編著　A5判　並製　249頁　定価：2,800円＋税

国の政策は、どのように決定されるのか。また、政策はどのように実施され、どのようなアクターが一連の政策決定および実施の過程に関与しているのだろうか。本書では、政策過程に関する代表的な14の理論ないしモデルを紹介し、検討している。

「3・11」震災法務 Q&A
東京弁護士会法友会東日本大震災復興支援特別委員会 編
A5判　並製　201頁　定価：2,400円＋税

未曾有の災害をもたらした東日本大震災の法律問題を東京弁護士会所属弁護士がわかりやすいQ&Aで緊急出版。付属CD-ROMに関係法令や通達等を収録。

災害と住民保護
東日本大震災が残した課題・諸外国の災害対処・危機管理法制
浜谷英博・松浦一夫 編著　A5判　並製　274頁　定価：3,500円＋税

国民の生命と財産を守る制度設計とは―。災害対策において、わが国が抱える制度的課題の徹底分析と諸外国の具体的制度を丁寧に紹介。政治・行政に携わる者や研究者はもちろん、すべての国民が議論の参考にすべき、実効性の高い理論と実践事例を収録している。

ネットワーク産業の規制と法理
友岡史仁（日本大学法学部准教授）著　A5判　上製　385頁　定価：4,300円＋税

本書は、法学に携わる立場から、豊富な先例を有しかつ我が国における制度設計上も参照を不可欠とするイギリス・EU等の諸事例に照らしながら、ネットワーク産業における規制の在り方を制度に忠実に検証し、そこに見られる諸課題の解明を試みようとするものである。